素品三国

任婕—著

陕西新华出版
陕西人民出版社

图书在版编目（CIP）数据

素品三国 . 2 / 任婕著 . -- 西安：陕西人民出版社，2024. -- ISBN 978-7-224-15638-6

Ⅰ . K236.07

中国国家版本馆 CIP 数据核字第 2025MB6668 号

责任编辑：袁　刚
封面设计：蒲梦雅
封面插图：谢瑞欣
内文排版：侯　娟

素品三国 2

SUPIN SANGUO 2

作　　者	任　婕
出版发行	陕西人民出版社
	（西安市北大街 147 号　邮编：710003）
印　　刷	陕西思维印务有限公司
开　　本	787 毫米 ×1092 毫米　1/32
印　　张	7.875
字　　数	155 千字
版　　次	2025 年 3 月第 1 版
印　　次	2025 年 3 月第 1 次印刷
书　　号	ISBN 978-7-224-15638-6
定　　价	36.00 元

序

人间最美四月天，一部书稿在眼前。窗外繁花飞锦绣，难移书香盈几案。

在马来西亚拉曼大学读博士的任婕女士邀我为她的新著《素品三国2》作序，让我既惊讶又惶恐。惊的是，任女士是三国学术界闪亮登场的青年才女，《素品三国1》出版不久，第二部即杀青，二者之间还出版了专著《蜀汉政权的派系变动研究》；惶的是，我虽然极为关注三国学术研究，但对青年学者的动态知之甚少。尽管如此，仍然为任女士执着的学术追求和痴迷的三国情怀所感动，愿写几句话与作者、读者共勉！

"三国诸人应梦里，一番公案又从头。"对三国历史文化的研究与解读，自唐宋以来就受到文人和民间的关注，形成了一系列以《三国演义》为代表的学术专著、诗词作品与小说戏剧，构成了蔚为壮观、雅俗共赏的两大三国文化体系。在这样繁密的领域进行耕耘实属不易。《素品三国2》雅俗结合，精细梳理，以人物为主、文化为魂，由智谋、忠勇、情傲、仁义、疑案、女性六部分构成，虽然写的主要是二三流的人物，但展示了从汉末到西晋统一天下的全过程，兼顾到魏蜀吴三方，构成了以人物为主体的三国大历史。这实际上是继承了中华文史宝库中"纪传体"史书的优良传统，六大篇章的分类也是对"正史"中"类传"的发展与创新，并且将"智谋"与"忠勇"作为第一、第二篇，也是对三国历史文化精髓的展示。此等谋篇布局，彰显了作者的匠心独运与慧眼独具。

"有国由来在得贤，莫言兴废是循环。"三国是天下纷争、才俊辈出、争奇斗艳、人才立国的时代。《素品三国2》从六个方面全方位展示了三国群英的风采。形成三国鼎立的重要因素，是东汉末年军阀混战所形成的三分人才均势和三分地理均势。人才与地理因素相互激荡，在汉末已呈现出南北争雄的端倪。刘备、诸葛亮君臣的伟大之处，就是抓住机遇，导演并推动了三分天下的历史进程。正如诸葛亮所言："今操已拥百万之众，挟天子而令诸侯，此诚不可与争锋。孙权据有江东，已历三世，国险而民附，贤能为之用，此可以为援而不可图也。荆州北据汉、沔，利尽南海，东连吴会，西通巴、蜀，此用武之国，而其主不能守，此殆天所以资将军，将军岂有意乎？益州险塞，沃野千里，天府之土，高祖因之以成帝业。刘璋暗弱，张鲁在北，民殷国富而不知存恤，智能之士思得明君。"汉末战乱形成的"人才三分"是"时势造英雄",一代枭雄刘备因此登上历史舞台;诸葛亮等人规划的三分格局,则是"英雄造时势",三国鼎立是"人谋"造就的结果。"曹操比于袁绍,则名微而众寡。然操遂能克绍,以弱为强者,非惟天时,抑亦人谋也"。而在荡气回肠的三国历史进程中,刘备由弱转强最终鼎足一方,是"人谋"在其中起了决定性作用。后世的"尊刘抑曹",一定程度上是将刘备的正统、诸葛亮的人谋与儒家的仁义、关羽的忠勇糅合在一起,塑造了唐代之后三国文化的主流意识。更重要的是三国人才个性鲜明,才兼文武,出将入相,建功立业,气节如山,智慧似水,阵容齐整,气势如虹。恰如苏东坡所云:"西汉之士多智谋,薄于名义;东汉之士尚风节,短于谋略;兼之者,三国名臣也。唯蜀孔明巍然三代王者之佐,未易以世论也。"《素品三国2》以人系事,凸显主旨,知人论世,指点江山,激扬文字,颇具功力。

"虞翻去国身全老,王粲登楼赋几题。"作者不仅关注建功立业、值得称道的三国人物,例如"血性皇帝"曹髦、"智谋之士"陈登、"蜀汉良佐"费祎、"隐士孔明"胡昭、"蜀汉英才"刘巴、"敦厚笃实"的诸葛瑾、"堪比苏武"的冯熙、"忠义将才"高顺、"勇猛刚强"的刘封、"倔强老臣"张昭、"清流宦官"吕强、"品性刚直"的崔琰、"重义守节"的田畴、"大节仁德"的王修等,而且对"蜀汉权奸"陈祗、"反复无常"的孟达、"祸从口出"的彭羕、"晚节不保"的于禁等人也有评说。尤其对"文武全才"的虞翻的述论，对杰出人才的成功成名颇有借鉴意义。虞翻是三国时期少有的经学大家，精通周易，乃两汉象数易学集大成者。家传西汉今文孟氏《易》，将八卦与天干、五行、方位相配合，推论象数，又为《老子》《论语》《国语》作训注。后世则将郑玄、荀爽、虞翻并称为《易》学三家。虞翻在学术上的成就，堪称三国学坛的一流人才。他善使长矛，武艺高强，能日行二百里，脚力超过虎豹骑，轻功超绝；他医术高超，卜算神奇，生平预测无有不准；他刚正不阿，疾恶如仇，常犯颜直谏，不畏权威。然而，就是这样一位超凡脱俗的人，平生做过最大的官，竟只是东吴的骑都尉。他半生不得志，最终流落蛮荒，研读经学了却残生。世间至憾之事，莫过如此。这足见孙策和孙权在对待虞翻的态度上是截然不同的，孙权的心胸还是不及其兄孙策。彼时若是孙策在朝，虞翻断不会凄凉至此。诗仙李白说："蹉跎君自惜，窜逐我因谁。地远虞翻老，秋深宋玉悲。"韩愈说："久钦江总文才妙，自叹虞翻骨相屯。"苏轼云："三策已应思贾让，孤忠终未赦虞翻。"苏辙云："应奉读书无复忘，虞翻忤物自甘穷。"宋元时人方回亦言："江左瑜盖辈，岂必贤虞翻。汤网无厄羽，文治无困麟。"唐宋文豪们不约而同地同情虞翻，甚至认为虞翻的才干不在周瑜之下，这也证明作者选择虞翻等人进行研究是察微知著。

"好是周郎兵胜后，二乔含笑向东风。"三国时期，女性的社会地位有所提高。孙策、周瑜与大乔、小乔的故事广为流传。"大乔娉婷小乔媚，秋水并蒂开芙蓉。"魏晋时期，女子独立人格和自我意识觉醒，体现在个性的解放、自主和平等意识极强。《晋书·列女传》记载："自晋政陵夷，罕树风检，亏闲爽操，相趋成俗。"《抱朴子》也记载："今俗妇女，休其蚕织之业，废其玄紞之务，不绩其麻，市也婆娑。舍中馈之事，修周施之好。更相从诣之适亲戚，承星举火，不已于行，多将侍从，玮晔盈路，婢使吏卒，错杂如市，寻道亵谑，可憎可恶。"女性变得越来越开放，开始频繁出现于社交场合，但这个时期在普遍观念上仍然不能接受这个既成事实，一如夏侯惇在宴会上要求妻妾们出席时，卫臻言道："末世之俗，非礼之正。"妇女参与社交场合已成风潮，但作为"三观很正"的士人，卫臻还是直接提出批评，惹得"大老粗"夏侯惇大怒，将卫臻下狱。女性角色的出现，令尘土飞扬、混乱不堪、群雄割据的男性世界，平添了几抹亮丽的色采，于刀光剑影、沧海横流间，旁逸出几分温婉柔情。毛宗岗在《读三国志法》中写道："人但知《三国》之文是叙龙争虎斗之事，而不知为凤、为鸾、为莺、为燕，篇中有应接不暇者，令人于干戈队里时见红裙，旌旗影中常睹粉黛，殆以豪士传与美人传合为一书矣。"任婕女士以"女性篇"作为全书的殿军，也是抓住了三国历史文化的特点。

"自古须眉愧巾帼，人间鼎足此男儿。"任婕女士对三国历史文化的研究，充盈着执着坚韧和开拓奋斗的精神。她继承自司马迁以来中国史学家的优秀传统，读万卷书，行万里路，在陕西汉中定军山下考察三国历史遗存时，虽遇艰难险阻，但仍坚持完成了考察任务。目睹此情此景，让年过花甲的我为之动容，感佩不已！"克敌垂成不受勋，凛然巾帼是将军"。任婕女士对三国的"素品"，为男性占主导地位的三国学术界吹进了一股清风，给新时代的三国学术园地注入了一缕馨香。有感于此，谨缀数语，是为之序。

梁中效
2024 年 4 月 26 日于山南汉渭斋

前　言

中华文化拥有五千年的灿烂文明，而其中最为人们所熟知的时代莫过于汉末黄巾军起义至西晋统一三国这将近一个世纪（184—280）的历史了。三国历史之所以广为流传，最重要的原因就在于这不足百年的时间却诞生了无数的英雄豪杰，例如义薄云天的关云长、浑身是胆的赵子龙、鞠躬尽瘁的诸葛亮、精通音律的周公瑾、智谋过人的郭奉孝等，这些英雄不仅名噪一时，更是名传千古，而他们身上所具备的高尚品格也很值得后人学习。

记得早在2008年，笔者第一次读罗贯中的《三国演义》，一读之下便爱不释手，那一个个栩栩如生的英雄豪杰都让笔者万分倾慕。《三国演义》虽被列为四大名著之一，但其所述内容七分真三分假，很多事情都不曾发生过，于是笔者开始读晋朝陈寿所著的史书《三国志》，这才使得许多历史真相渐渐浮出水面。

笔者之所以对三国历史情有独钟，主要是因为"情义"二字。三国固然是男人的战场，正所谓沙场征战，男儿本色，但在诸多尔虞我诈的诡谲之谋背后，同样饱含了太多令人感动的"情义"，例如刘、关、张的兄弟之情，孙策和周瑜的总角之情，刘备和诸葛亮的鱼水之情，以及诸葛亮和姜维的师徒之情等无不令人感动万分。三国的英雄之所以被人铭记，是因为他们都是有血有肉真性情的豪杰，即便权倾一时依然多情重义。

　　综观三国这不足百年的历史，真可谓英雄辈出，名臣良将不可胜数，他们不畏艰险、舍生取义的英雄本色足以流芳后世，永垂不朽。笔者多年来游走于三国故地，钟情于三国历史，探究一个个三国人物的真实面庞，并于闲暇之时写作本书，试图揭开一个个三国谜团！笔者虽然秉持认真严谨的态度辛勤撰写本书，但书中仍难免有缺漏之处，还请广大读者多多给予指正！

任　婕

目　录

第一篇　智谋篇　/ 001

郭嘉：多智善谋的曹魏鬼才　/ 003

陈登：被遗忘的智谋之士　/ 012

费祎：天资聪慧的蜀汉良佐　/ 020

胡昭：三国时的"隐士孔明"　/ 027

刘巴：让诸葛亮自愧不如的蜀汉英才　/ 031

孙谦：救司马懿一命的三国小人物　/ 039

虞翻：性格疏直的东吴文武全才　/ 042

诸葛瑾：敦厚笃实的东吴良臣　/ 050

第二篇　忠勇篇　/ 057

曹髦：很有血性的傀儡皇帝　/ 059

冯熙：堪比苏武的东吴使臣　/ 066

高顺：未遇明主的忠义将才　/ 069

刘封：勇猛刚强的悲情皇族　/ 074

罗宪：蜀汉最后的名将　/ 079

袁涣：遵礼守义的正义君子　/ 084

张昭：性格倔强的东吴老臣　/ 088

第三篇　情傲篇　/ 095

陈祗：被忽视的蜀汉权奸　/ 097

浩周：错信孙权，误我前程　/ 100

孟达：反复无常的蜀汉叛将　/ 105

彭羕之死：祸从口出的印证　/ 110

于禁：晚节不保的屈膝降将　/ 114

糜芳：叛蜀降吴的蜀汉国舅　/ 122

第四篇　仁义篇　/ 127

崔琰：品性刚直的曹魏重臣　/ 129

田畴：重义守节的汉末隐士　/ 136

王修：大节仁德的义士　/ 143

王衰：终生守土不仕的纯孝之人 / 149

脂习、郭宪：大德重义的三国小人物 / 153

向雄：不违道义的志士仁人 / 156

第五篇　疑案篇 / 163

华佗：一代神医为何而死？ / 165

刘禅真的是个智障者吗？ / 171

吕布为何背叛董卓？ / 178

三国时真正的"空城计"究竟是何人所为？ / 183

蜀汉权争：李严被废的真相 / 188

第六篇　女性篇 / 197

卞夫人：谦恭和顺的智慧女性 / 199

杜夫人：同时被曹操和关羽喜欢上的绝色女子 / 206

夏侯令女：自残明志的一代烈女 / 211

辛宪英：智慧过人、保全家门的传奇女性 / 214

徐夫人：为夫报仇、胆识过人的刚烈女子 / 219

甄宓：三国美女的传奇人生　/ 223
张昌蒲：孕育一代名将的贤明女子　/ 230

后　记 / 237

第一篇

智谋篇

DI - YI PIAN
ZHIMOU PIAN

郭嘉：多智善谋的曹魏鬼才

一说起郭嘉，大家都不会陌生，他是曹操最器重的谋士，很多人将他与诸葛亮相提并论，甚至民间还流传有"郭嘉不死，卧龙不出"的说法。那么历史上的郭嘉究竟如何？他的才智到底能否和诸葛亮相比呢？

郭嘉（170—207）字奉孝，颍川阳翟（今河南禹县）人，他在少年时就有远大的志向。汉末天下将乱，郭嘉从20岁起就隐姓埋名，秘密地结交英雄豪杰，不与世俗之人交往，所以当时很多人都不知道他，只有了解他的人认为他是奇才。郭嘉的这段经历与诸葛亮早年隐居隆中的经历非常相似，两人都志向远大、蛰伏待机，而他们的真实才能也只为少数人知晓，但却注定了他们必会成为非凡之人。

起初，郭嘉北行去拜见袁绍。见过之后，他对袁绍的谋臣辛评和郭图说："袁公只想仿效周公的礼贤下士，却不知道使用人才的道理。他计谋多端而缺乏要领，好出计谋却不能决断，如果想要和他共济天下、实现王霸之业实在太难了。"于是郭嘉离开了袁绍。通过此言可以看出郭嘉很有识人之明，在袁绍实力雄厚、独霸一方之时，他却能看出袁绍多谋寡断的性格特点，认为他不足以成大事，不愿辅佐他。

建安元年（196），曹操颇为器重的谋士戏志才去世，他非常伤心，写信给荀彧，让其推荐一位可以接替戏志才的谋士。戏志才英年早逝，所以史书上关于他的记载很少，但曹操能对戏志才如此看重，说明戏志才确有过人的才能。荀彧于是向曹操推荐了郭嘉。曹操召见郭嘉，与其共论天下大事，对郭嘉的才能赞叹不已，他高兴地说道："能助我成就大业的一定是此人！"郭嘉也由衷地说："他真的是我能为之效命的主上啊！"曹操和郭嘉的第一次见面就让两个人对彼此非常满意，颇有一见如故之感，正所谓生逢乱世，非但君择臣，臣亦择君。自这次会面后，曹操便将郭嘉引为知己，推心置腹，信任有加，并认为能够助自己成就大业的必是此人。于是表奏郭嘉为司空军祭酒。此时的郭嘉年仅27岁，与诸葛亮出山时的年纪相当，这样的巧合或许就是上天冥冥之中的安排。

官渡之战前夕，曹操曾对郭嘉说："袁绍实力雄厚，地广兵强，屡次对我不恭敬，我想要讨伐他，但力量又敌不过他，该怎么办？"面对曹操的询问，郭嘉以项羽败给刘邦之事为例，认为袁绍虽然力量强大，但最终必会败给曹操，就好像项羽的败亡一样。同时，他还提出了著名的十胜十败论，认为曹操有十胜，袁绍有十败，十胜分别是道胜、义胜、治胜、度胜、谋胜、德胜、仁胜、明胜、文胜和武胜。曹操听后，笑着说道："你所说的我怎么承受得起呀！"郭嘉说道："袁绍现在正在攻打公孙瓒，我们可趁其远征之机讨伐吕布。如果不先拿下吕布，将来袁绍来犯，吕布为其外援，这将对我们十分不利。"曹操对此深以为然。由此可见郭嘉深通谋略。十胜十败论虽有奉承之嫌，但总体还是缘于对袁、曹二人的性格有着精准的分析和判断。

　　郭嘉所提出的先剪除吕布策略也很符合当时局势。建安三年（198），曹操任命郭嘉为军师祭酒。这个官职是曹操设定的，相当于首席谋士。郭嘉此后多次跟随曹操征战四方，屡有献计，对曹操统一北方做出了重大贡献。曹操此时正式讨伐吕布，几场大仗下来，吕布战败，率军退守下邳。当时因连续作战，士兵疲惫，曹操想要撤军休整，郭嘉以项羽"恃勇无谋"为例，劝曹操急攻吕布。他说："今布每战辄破，气衰力尽，内外失守。布之威力不及项籍，而困败过之，若乘胜攻之，此成禽也。"曹操采纳了郭嘉的建议，挖掘泗水和沂水来淹城，果然擒获了吕布，除去心头之患。由此可见郭嘉才智过人、多谋善断，且明于时势。

当时，刘备来投降曹操，曹操以礼相待，以朝廷名义任命他为豫州牧。郭嘉向曹操建言说："刘备不是甘为人下之人，其谋略深不可测。古人常说：'一日纵敌，数世之患。'您应当尽早除掉他，免为后患。"此时，曹操正假借尊奉天子号令天下，以诚信招纳天下英雄，因而没有听从郭嘉的建议。建安四年（199），曹操令刘备率军截击袁术，郭嘉和程昱一起劝阻曹操，说："现在若放走刘备，会生变数的！"果然，刘备离开之后便杀了徐州刺史车胄，举兵对抗曹操，曹操悔恨不听郭嘉之言。

曹操放走刘备的决定可以说是他一生中做得最错误的决定，同时却是刘备的幸运。如果不是曹操一时不察放走了刘备，那刘备根本就没有机会成就霸业，可是历史没有如果，刘备还是幸运地摆脱了曹操的掌控，并成为曹操一生中最大的敌人之一。这体现了郭嘉颇具识人之明。

建安五年（200），曹操计划征讨刘备，却又担心大军出动后，袁绍袭击其后方，因而举棋不定，于是问计于郭嘉。郭嘉说："袁绍性缓而多疑，一定不会迅速起兵；刘备势力刚刚兴起，人心还未归附，若此时迅速进军，刘备必败。现在已是生死存亡的时候，不能失掉此大好时机。"曹操遂东征刘备，果然一切如郭嘉所料，袁绍并没有出兵。刘备不敌曹操，战败后投奔袁绍。不久，曹操与袁绍开战，这就是历史上著名的"官渡之战",也是三国时期的三大战役之一。

就在曹操与袁绍相持官渡时,江东的孙策打算渡江向北袭击许都,迎驾汉献帝。许都是曹操的大本营,重要性不言而喻,加上孙策骁勇善战,大家听到这个消息后都很惊恐。郭嘉分析说:"孙策刚刚吞并江东,他所杀的人都是那些得到众人拥护的英雄豪杰。孙策手下虽兵马众多,但他为人轻率而缺少防备,就像一个人单独行走在中原一样。假如有刺客出现,一个人就足以要了他的命。以我看来,他必然死于匹夫之手。"果然孙策还没有渡江,就被许贡的门客刺杀了。

郭嘉还真的是神预言,精准预言了孙策将死于刺客之手。正因如此,后世很多人怀疑刺杀孙策的刺客是郭嘉派遣的,但这都是无稽之谈,正如史学家裴松之所说郭嘉料定孙策死于匹夫之手,确实明于见事,但他并非未卜先知的预言家,无法知道孙策会死于何年,而孙策恰好在渡江之前遇刺身亡,这只是巧合而已。但郭嘉的精准预言确实体现了他的识人之明以及明于时势。

建安七年(202),袁绍在官渡战败后病逝,郭嘉又跟随曹操讨伐袁绍的两个儿子袁谭和袁尚,接连几次战斗都取得了胜利,将领们都想乘胜进攻。郭嘉则指出袁绍在立嗣问题上举棋不定,临终也没有确定继承人,因此袁谭和袁尚素不和睦，一定会互相争斗。他认为："我们若急速进军，袁谭、袁尚可能会联合起来相抗，这样一来战事将相持不下；如果暂缓进攻，袁谭、袁尚一定会相互争斗。我们不如趁此机会南下进攻刘表，以待其变；等到袁谭和袁尚自相攻击之时，我们趁势进军，可迅速平定冀州。"曹操采纳了这个建议。事情的发展果如郭嘉所料，曹操撤军后，袁谭和袁尚争夺冀州，袁谭战败，投靠曹操。建安十年（205），曹操进攻袁谭，冀州平定，郭嘉因功被封为洧阳亭侯。可以说，在曹操平定冀州的过程中，郭嘉的贡献是十分卓越的。

建安十二年（207），曹操打算征讨袁尚及乌丸，以彻底扫除袁氏势力，部下大多担心刘表会派刘备前来偷袭许都。郭嘉却说："刘表这个人，不过是个虚夸的空谈家罢了。他自知其才力不足以驾驭刘备，若是重用刘备，担心不能控制他；疏远刘备，又恐刘备不会为他效力。因此，即便我们倾全力远征乌丸，也用不着担忧什么。"郭嘉一语道出刘表的"清谈"风格，以及他对刘备的提防和戒备之心，料定刘表必不会重用刘备，而袁氏势力和乌丸才是心腹之患，必须远征乌丸以扫除隐患。曹操于是决定行动，远征乌丸。大军至易县时，郭嘉又劝曹操舍弃辎重，轻装兼程，出其不意地发动攻击。曹操于是命兵卒轻装前进，果然大破敌人，杀了蹋顿和各部落首领，袁尚和其兄袁熙逃往辽东。

郭嘉深通谋略，对事情的判断非常准确。曹操常说："唯奉孝为能知孤意。"他对郭嘉非常器重，言听计从。可惜郭嘉从柳城回来，就一病不起，而且病得很厉害，曹操不断派人来探望。孰料天不假年，郭嘉病重不治，英年早逝，年仅38岁。曹操亲临丧事，非常哀痛。他对荀攸等人说："诸君年皆孤辈也，唯奉孝最少。天下事竟，欲以后事属之，而中年夭折，命也夫！"由此可见，曹操本来是想在自己百年之后，以天下大事托付于郭嘉，可惜天不遂人愿。郭嘉英年早逝，这让曹操十分悲痛。如果郭嘉没有早逝，那他必定成为曹操的托孤重臣，历史也将改写。

值得一提的是，就在郭嘉去世的同一年，诸葛亮深感刘备三顾茅庐之诚意，正式出山相助，刘备也逐渐从一无所有到成就帝业。可以说，公元207年对于刘备和曹操来说都是非常重要的一年，只不过是一喜一忧，两个天才诸葛亮和郭嘉，一人从此名动天下，一人却永远陨落。如果郭嘉不死，那他在之后与诸葛亮的智慧交锋一定非常精彩，可是上天偏偏让两个天才在这一年擦肩而过，这注定是历史的遗憾。

建安十三年（208），曹操征荆州，于巴丘遇疾疫，被火烧连营，大败而归，这就是历史上著名的赤壁之战。曹操在此战中败给了孙刘联军，从此彻底失去了一统天下的机会。曹操感叹道："郭奉孝在，不使孤至此。"又说："哀哉奉孝！痛哉奉孝！惜哉奉孝！"赤壁之战的失败，让曹操更加思念郭嘉，认为如果郭嘉还活着，必不会使自己失败。

郭嘉虽然才智过人，但在生活方面却有些不检点。陈群因此曾数次向曹操检举郭嘉，可曹操对此不以为意，反而更加器重郭嘉。但曹操认为陈群能公正行事，也很高兴。曹操用人向来主张"唯才是举"，他曾三次颁发求贤令，明确指出："负污辱之名，见笑之行；或不仁不孝，而有治国用兵之术。其各举所知，勿有所疑。"这样的用人思想与"以仁孝治天下"的汉末三国时期显得格格不入，看来也只有曹操才可以重用郭嘉这样"德行有亏"的谋士了。

郭嘉少有大志，弱冠隐居，结交英豪，才略鲜为人知；他先投袁绍，认为其"好谋无决，难定霸业"，因而离开了袁绍；他被荀彧举荐给曹操，共论天下事，其才智深为曹操看重；官渡之战前，他提出十胜十败论，以坚曹操抗袁之心；曹操征吕布，因士卒疲倦而欲引军还，他劝曹操急攻之，遂擒吕布；在刘备投降曹操后，他看出刘备有雄才，终不久居人下，劝曹操早除刘备，体现了他的识人之明；官渡之战时，孙策欲袭击许都，他料定孙策必死于匹夫之手，不足为虑，可谓明于见事；官渡之战后，曹操征讨袁谭和袁尚，他以"急之则相持，缓之而后争心生"劝曹操待二袁相争，以坐收渔利，助曹操平定冀州；曹操征乌丸时，他出奇策，劝曹操轻兵兼行以平定乌丸；曹操本欲以天下之事托付于他，可天不假年，正值盛年的他却因病早逝，让曹操悲痛不已。

  郭嘉才智过人，随从曹操征伐十一年，屡献奇计，为曹操统一北方做出了巨大贡献；他有才无德，不治行检，曹操不以为意，愈益重之；在赤壁之战后，曹操追思郭嘉，以为若郭嘉活着，必不使自己战败。在他去世的同年，诸葛亮出山，他们错失了智慧谋略的交锋，成为历史的遗憾。无论如何，郭嘉都是历史上的杰出谋士，他被后世称为"鬼才"，正与他一生的奇谋相符合。

陈登：被遗忘的智谋之士

在三国这样一个英雄辈出的乱世，无论是安邦定国的谋士还是驰骋沙场的武将都数不胜数，正因为如此，很多原本也很出色的俊杰都被埋没其中。他们若生于其他时代定可一展抱负、济世安民，不负平生所学，可惜生在了三国这个群英荟萃的时代，也只能被埋没了。陈登就是这样一个被历史遗忘的智谋之士。若论知名度，他在三国时期顶多只能算一个二流人物，可他的胸襟和智谋绝不逊色于一流人才，甚至连刘备和曹操都对他非常欣赏。这又是怎么回事呢？

陈登（163—201）字元龙，下邳淮浦（今江苏涟水西）人，沛相陈珪之子。陈登在少年时就有扶世济民之志，并且博览群书、学识渊博，他为人爽朗、性格沉静、智谋过人。陈登25岁时，就被推举为孝廉，担任东阳县令。这里补充一下，"孝廉"是汉代设立的察举制的科目之一。"孝廉"的意思就是孝顺父母、清正廉洁。由于汉代选官很重视品德，因此中央让地方定期举荐品德好的人任职,故而在当时被举为"孝廉"的人多是德行出众的君子。陈登在 25 岁时便被举为"孝廉",可见他出名较早,且品行兼优。

陈登在担任东阳县令时,扶养老人、养育孤儿,爱民如子。其间爆发饥荒,徐州牧陶谦便请陈登担任典农校尉,教导民众种植谷物,以减少饥荒。兴平元年(194),徐州牧陶谦病逝,他临终前指定刘备为徐州牧,接管徐州,并说:"非刘玄德不能安此州也。"此时刘备因担心诸侯不服,不愿领徐州牧。陈登极力劝说刘备领徐州牧,认为如此"上可以匡主济民,成五霸之业,下可以割地守境,书功于竹帛"。刘备仍然犹豫不决,陈登便写信说服袁绍支持刘备,袁绍便帮刘备,说道:"刘玄德弘雅有信义,今徐州乐戴之,诚副所望也。"有了袁绍的大力支持,刘备这才领徐州牧。可见若不是陈登大力支持,从中斡旋,刘备也不会顺利接管徐州。

建安元年(196),吕布趁刘备在外与袁术相持之机,举兵攻破徐州,俘虏了刘备的妻儿及其部曲的家眷。吕布偷袭徐州的行为可谓背信弃义,历来为世人所不齿,因此史学家大多对他的评价都是"反复无常"这四个字。吕布袭夺徐州后,自领徐州牧。陈登在名义上改属吕布,但他对吕布的为人深恶痛绝,对吕布的小人行径更是不屑一顾,因此一直在想办法将吕布赶出徐州。

建安二年（197），袁术称帝，建号仲氏。这样的僭越行为激怒了天下诸侯，袁术一时间成为众矢之的。为了巩固自己的地位，袁术便想通过和吕布结成儿女亲家的办法抵御其他诸侯。陈登的父亲陈珪担心徐州、扬州连为一体，将会危害国家，于是便与陈登一同设计破坏了吕布与袁术之间的联姻，打乱了袁术的计划。吕布拒绝袁术的联姻后，曹操为安抚吕布，以汉献帝的名义，遣使任命吕布为左将军。吕布大喜，于是派陈登前往许都，向汉献帝谢恩。

陈登谒见曹操，述说了吕布有勇无谋、反复无常的性格，希望曹操早日除掉他。曹操说道："吕布狼子野心，不能让他久留世上。"于是陈登向曹操面陈破吕布之计，深得曹操嘉许。曹操当即把陈珪的年俸提到二千石，还任命陈登为广陵太守。临别时，曹操拉着陈登的手嘱咐道："东边的事，便全托付给你了！"由此可见，曹操对陈登是非常欣赏的，而陈登能够献破吕布之计也体现了他的足智多谋。曹操本爱才之人，陈登的谋略让曹操十分欣赏，当即对他委以重任，且信任十足。

吕布原本想通过陈登出使许都为自己求得徐州牧之职。陈登回来后，吕布见自己的愿望没能实现，大怒，拔出戟来砍着桌子骂道："你父亲劝我与曹公合作，我才拒绝了袁术的婚约；而现在我一无所获，你们父子反倒地位显赫，加官晋爵，我被你们出卖了！你倒说说看，你在曹操面前替我说了些什么？"面对吕布的暴怒，陈登面不改色，从容答道："我见曹操时说：'对待将军您，要像对待猛虎，应当让他吃饱，如果不饱就会吃人。'曹操说：'并不像你说的那样，对待吕布更像是养鹰，饿时可以利用，而当他吃饱了，却会自顾飞走。'我们就是这样谈论您的。"听到陈登这样说，吕布的怒气才平息下来。

　　陈登的这番话是在向吕布表明，之所以朝廷没有封他为徐州牧是因为曹操认为只有吕布得不到满足时才会继续为他所用，一旦满足了便会离开，其实这是在暗示吕布，曹操想继续跟他合作，前方还有更高的官位和更大的利益在等着他。陈登的这番话很是高明，吕布听完后果然转怒为喜。陈登在面对吕布的震怒时没有惊慌失措，反倒条理清晰地给出解释，足见其胆识过人、机敏应变，更兼足智多谋，难怪连曹操都对他的智谋赞叹不已。

　　陈登就任广陵太守后，赏罚分明，使广陵松弛的吏治为之一振。同时，他很注意安抚民众，发展生产，不到一年时间，便使广陵呈现出欣欣向荣的景象。百姓们深服陈登之治政，对他既敬畏又拥戴。可见陈登不仅足智多谋，而且还很有政治才干，擅长吏治，并且深得民心。

建安三年（198），曹操率军进剿吕布，陈登事先获知消息，由广陵出发，亲率精兵为曹操先驱，围吕布于下邳城。吕布以陈登的三个弟弟作为人质求和，为陈登所拒绝，反而包围下邳城更加紧迫。吕布手下的刺史张弘，害怕被连累，趁夜将陈登的三个弟弟放出城回到陈登身边。吕布伏诛后，陈登因特殊功勋获封伏波将军，仍为广陵太守，甚得江淮间民心。吕布以陈登的三个弟弟为质威胁陈登和谈，陈登却不为所动，毫不退让，体现了他的大公无私，一切以国事为重的品格，这样的精神让人敬佩。可以说吕布的顺利被擒，陈登功不可没。

建安四年（199），孙策派孙权领兵跨江进攻陈登所驻守的匡琦城。孙权军10倍于陈登守军，陈登镇定自若，毫不慌乱，命将士们严阵以待。为迷惑敌人，陈登下令紧闭城门，偃旗息鼓，示弱于敌。他登上城楼，仔细观察孙权军，认为可以出击时，随即打开城门，将士们如下山猛虎，向敌阵冲去。孙权军猝不及防，被陈登军冲乱，溃不成军。陈登亲自擂鼓，将士们奋勇冲杀，孙权军登船不及，被杀死、淹死者不计其数，大败而去，此战陈登取得全面胜利。不久孙权军卷土重来，再次进攻陈登所在的匡琦城。陈登一面派功曹陈矫向曹操告急，一面做好迎敌准备。他暗中命人在救兵来援的必经之地聚积柴草，隔十步一堆，布列整齐，然后乘夜点燃，光照远近。孙权军发现后，误以为援军已到，十分惊恐。陈登见时机已到，亲率大军出击，一举击溃孙权军，再次取得胜利。孙权战败后，孙策便打算亲自讨伐陈登，可还未行至广陵与陈登军队对垒，就遇刺身亡。

孙权是孙策的二弟，后来承袭父兄基业，坐镇东南，建立吴国，成就三分天下有其一的帝王之业。他善于识人用人，从善如流，称得上是一代明主，曹操曾对他高度评价："生子当如孙仲谋"。可即便如此，孙权却连续两次败于陈登之手，可见陈登的军事才能非常出众，堪称当时不可多得的文武全才，可惜这样的人才却被历史长河所淹没，不为人所熟知。

陈登在广陵多年，治政有方，百姓对他感恩戴德。陈登转任东郡太守，临行时，广陵郡吏民扶老携幼，要随其一起北迁。陈登十分感动，他耐心地劝说百姓回去，说："我走后，你们不用担心，肯定会有更好的太守来治理广陵的。"百姓被陈登说服，不再坚持。陈登与广陵百姓建立的鱼水深情，令人感叹。自古以来就是"得民心者得天下"，刘备也曾说"夫济大事必以人为本"，陈登虽只是一方太守，却如此深得民心，实在难能可贵。在乱世之中，能够得到百姓这样真心拥戴实属不易，可见陈登确是爱民如子、德才兼备的正人君子。

陈登喜食生鱼片，腹内有大量寄生虫，虽经神医华佗诊治，但并未根除。华佗说："这种病三年后还会复发，遇上好的大夫才能治好。"三年后陈登之病果然复发，可惜这时华佗不在，陈登不治而亡，年仅39岁。陈登死后，曹操每每临长江而叹，悔恨不早用陈登的计策，使得孙氏在江南坐大。可见即便是在陈登过世多年之后，曹操仍对其十分怀念。魏文帝曹丕在位时，追念陈登的功劳，拜其子陈肃为郎中。

关于陈登，这里还有一个典故。刘备在荆州时，有一次和许汜、刘表共论天下之士。谈到陈登时，许汜不以为然地说："陈元龙乃湖海之士，骄狂之气至今犹在。"刘备问许汜："您认为陈元龙骄狂，有什么根据吗？"许汜说："我过去因世道动荡而路过下邳，见过陈元龙。当时他毫无客主之礼，很久也不搭理我，自顾自地上大床高卧，而让客人们坐在下床。"刘备应声道："您素有国士之风。现在天下大乱，帝王流离失所。元龙希望您忧国忘家，有匡扶汉室之志。可是您却向元龙提出田宅屋舍的要求，言谈也没有什么新意，这当然是元龙所讨厌的，又有什么理由要求元龙和您说话呢？假如当时是我，我肯定会上到百尺高楼上去高卧，而让你们睡在地下，哪里只有区区上、下床的区别呢？"成语"求田问舍"便是由此而来。

这个典故体现了陈登忧国忘家的忠义之心和以天下为己任的一片公心,这样的心境即便是当世英豪也难以达到。所以刘备深情地说:"像元龙这样文武足备、胆志超群的俊杰,只能在古代寻求。当今芸芸众生,恐怕很难有人及其项背了!"从刘备的感叹,可以看出刘备对陈登非常欣赏,也对他评价很高,甚至认为无人可与陈登相比,想必当时刘备心里对错过了陈登这样一位大才也感到非常惋惜,不能与之共襄盛举真乃人生一大憾事。

陈登少壮出名、博学多才,先助刘备全领徐州,后助曹操攻破吕布。他为人坦荡、公忠体国、一腔正气、胆识超群;他善于治政、爱民如子,深得百姓拥戴;他治军有法、足智多谋,曾两次战败孙权;他为人正直、胸怀大志,深得刘备和曹操的欣赏和敬重。若不是英年早逝,其日后的成就必定不在陈群、吴质等人之下。可就是这样一位文武兼备的超世俊杰却被世人所遗忘,不能不说是一件憾事。

费祎：天资聪慧的蜀汉良佐

提起费祎，可能很多人不太熟悉，毕竟在三国那样一个英雄辈出的时代，牛人实在太多，因此有很多英才都被埋没其中而不为人知，费祎就是其中之一，他究竟有何过人之处呢？

费祎（？—253）字文伟，江夏鄳县（今河南省罗山县）人，三国时蜀汉名臣，深得诸葛亮器重，与诸葛亮、蒋琬、董允并称为蜀汉四相。费祎少时丧父，跟随族父费伯仁生活。费伯仁之姑，乃是益州牧刘璋之母。刘璋遣使迎接费伯仁到益州，费伯仁便带着费祎游学入蜀。建安十九年（214），刘备平定蜀中，费祎留在益州为其所用，与汝南人许叔龙、南郡人董允齐名。

费祎为人不慕奢华、朴素节俭，这里有一个例子可以证明。当时许靖丧子，董允与费祎相约一起出席葬礼。董允遂向其父董和请求车驾，董和便遣一乘破旧的鹿车给二人。董允见此，面有难色，费祎却从容上前先上鹿车。到了丧所时，诸葛亮及蜀中诸贵人均已到集，车乘也很华丽。董允神色不宁，而费祎却晏然自若。驾车人回来后，董和问及详细情况，知其如此，于是向儿子说道："我常常以为你跟费祎之间的优劣未可分辨，但从今以后，我对这个问题不再有疑惑了。"通过这件事就可以看出费祎清廉简约的性格特点，在这点上他确实要强过董允。

费祎天资聪颖，能力出众，深得诸葛亮赏识。蜀汉建兴三年（225），丞相诸葛亮南征凯旋时，朝中众官数十里外设道相迎。这些官员的年龄、官位多在费祎之上，而诸葛亮却特请费祎同乘一车，于是众人对费祎莫不刮目相看。诸葛亮位居百官之首，却独独对年纪、资历都不高的费祎赏识有加，可见费祎一定有着过人之处。

诸葛亮南征刚回朝，就命费祎为昭信校尉，令其出使东吴，重申盟好。孙权为人能说会道，善于言辞，他手下的诸葛恪、羊衟等人知识广博，才能卓越，善于辩论且言辞犀利，而费祎在招待宴上与他们谈论时却滔滔不绝，据理回答，对方始终不能使他认输。据《费祎别传》记载："孙权每别酌好酒以饮祎，视其已醉，然后问以国事，并论当世之务，辞难累至。祎辄辞以醉，退而撰次所问，事事条答，无所遗失。"这体现了费祎非凡的应变能力以及出众的外交才能。

　　费祎不仅在蜀汉深得诸葛亮赏识，在吴国也得到了吴主孙权的器重和礼遇。孙权曾对费祎说道："你是一个不可多得的贤德之人，将来必会成为辅佐蜀国君主的重臣，恐怕你以后很少能来我们这里了。"据《费祎别传》记载："权乃以手中常所执宝刀赠之，祎答曰：'臣以不才，何以堪明命？然刀所以讨不庭、禁暴乱者也，但愿大王勉建功业，同奖汉室，臣虽暗弱，终不负东顾。'"在古代赠送宝刀是属于很高的礼节，更何况是自己的随身宝刀，所以孙权将随身宝刀赠送给费祎的行为是一种极高的礼遇，表示出了对其极高的敬意。

　　建兴八年（230），费祎转为中护军，后又为司马。当时军师魏延与长史杨仪相互憎恶，每次坐在一起就吵闹不休。吵得不可开交时，魏延常举刀指向杨仪做威吓状，杨仪则泣涕横流。为了缓和二人的关系，每有聚会费祎就坐在他们中间，分别予以劝解，因此诸葛亮在世之时，可以充分发挥魏延、杨仪各自的才能，这全赖费祎从中周旋。通过此事，可以看出费祎善于调解同僚间的矛盾，团结人心，具有良相之才。

　　建兴十二年（234），诸葛亮在五丈原病逝。他临终之前与费祎、杨仪、姜维等秘密安排自己去世后的退军部署，命令魏延断后，姜维次之；若魏延不服从命令，就不要去管他，大军自行出发。诸葛亮死后，军中秘不发丧，杨仪派费祎去打探魏延的想法。魏延大怒说："丞相虽不在了，我魏延却还活着，还可以继续与魏军交战，怎么能因为一个人的去世而耽误国家大事呢？再说了，我魏延是何等人，要听他杨仪的指挥，给他断后，这叫什么事！"他趁机要费祎与他联名发布将令，改变诸葛亮生前的部署。费祎当然不愿这么干，他哄骗魏延说："杨仪乃是一介书生，不懂军事，肯定不会违背您的将令，让我回去先劝劝他。"魏延一想也是，就让费祎回营去劝杨仪。结果，费祎一出门，就骑马飞驰而去。魏延随即后悔，派人追赶费祎，最终没能追上。在这关键时刻费祎选择站在了杨仪一边，从而直接导致了魏延的败亡。

魏延被杀后，杨仪率领军队回到成都，本以为自己功劳很大，应该接替诸葛亮秉政，却仅被封为"中军师"，没有实际统军之权，反倒是蒋琬成为尚书令，接替诸葛亮的地位。杨仪对此非常不满，言语间总少不了怨愤不满之意。当时同僚都因杨仪出言不逊而不敢与他交往，只有费祎前去慰问他。杨仪对费祎说了以前的许多事，并愤恨地向费祎表示，当初诸葛亮去世时，自己如果投降魏国，也不至于落到如今这个地步。费祎闻言大惊，就将杨仪这些大逆不道之言密奏后主刘禅。不久杨仪被废为庶民，流放到汉嘉郡。杨仪到了流放地，又上书诽谤朝廷，措辞相当激烈。朝廷于是命人到汉嘉郡将其收押，不久后杨仪在狱中自杀。

这么说来，蜀汉两位重臣魏延和杨仪的死都与费祎有着直接关系，这主要是因为费祎想要确保蜀汉国祚的长治久安，确保蜀汉政权在诸葛亮去世之后仍能平稳过渡。杨仪和魏延虽然都各自有才，是诸葛亮的文、武助手，但他们都有着性格缺陷。魏延性情高傲，杨仪心胸狭窄，两人都不适合辅政，诸葛亮在世时还能够驾驭二人，让他们才尽其用，可是诸葛亮去世之后，魏延和杨仪就会成为蜀汉政权稳固的隐患。为了蜀汉不发生变乱，费祎才设法先后除去了魏、杨二人。

诸葛亮临终前将费祎指定为继蒋琬之后的第二任接班人，足见其对费祎的赏识和器重。费祎天资聪慧，异于常人，每次读书，只要稍微看下，便能清楚书中主旨，其速度数倍于人，而且过目不忘。当时举国多事，公务烦琐，费祎常于早上处理政务，其间接纳宾客，饮食嬉戏，有时还会下棋，每每能令宾客尽兴，而且还不误事。后来董允代费祎为尚书令，想效法费祎，可没过多长时间，很多事情就被耽误了。董允不得不叹息说："我的能力与之相比差远了，我终日忙碌，还是有处理不完的政务。"

费祎的当国功名，可与蒋琬相比，且他性情随和，清廉简约。据《费祎别传》记载："祎雅性谦素，家不积财。儿子皆令布衣素食，出入不从车骑，无异凡人。"这体现了费祎同诸葛亮一样的品性，都十分节俭，在蜀汉起到了很好的带头作用。蜀汉延熙十一年（248），费祎出屯汉中。从蒋琬到费祎执政的十多年间，虽然他们都身在朝廷之外，但是朝廷的奖赏惩罚之事，都要先向他们征求意见，然后才施行，可见他们深受后主的推重和信任。

费祎辅政期间，姜维常欲兴兵北伐曹魏，费祎总是牵制他，给他的兵不过万人。费祎向姜维说："我们这些人远不如诸葛丞相，丞相在时尚不能统一中华，何况我们呢？还不如守好祖业，保境安民，等将来国力强大了，有能力超群的统军将领了，再去完成丞相之志，一统中原。不要心存侥幸，认为单靠几场仗的胜利就能达成目标。若不听我的话，后悔都来不及。"此言论体现了费祎保守治国的态度，也正因如此蜀汉在费祎执政期间才获得了难得的发展机会，国力稳定，经济复苏。

延熙十六年（253）春，蜀汉举行贺岁大会，曹魏投降过来的人郭循也在座，他趁费祎畅饮毫无戒备之机，将其杀死，追谥曰敬侯。费祎遇刺是整个三国时期著名的一起暗杀事件，堂堂一国丞相在新春贺岁时居然被刺客当场刺杀，这是极不寻常的事情，堪称三国谜案。费祎死后最大的受益人是姜维，同年姜维就开始了大举伐魏，因此很多人认为费祎遇刺与姜维有关。但笔者倒认为此事未必就与姜维有关，有可能是郭循的个人行为。

综观费祎的一生，虽然没有轰轰烈烈，却也是精彩非常。他年少入蜀，以才名著称；青年时深得诸葛亮赏识，委以重任；他出使东吴时凭借出色的外交才能得到孙权的礼遇和尊敬；中年时被诸葛亮指定为继蒋琬之后的第二任接班人；在蒋琬去世后，他处理蜀汉政务，保国治民、敬守社稷，使得蜀汉获得了难得的发展机会，可惜在他执政七年后却遇刺身亡。他的突然去世是蜀汉的重大损失，因为他是蜀汉最后一个颇具能力而又被众人信服的执政者。总的来说，费祎少年出名，青年得志，中年执政开启人生巅峰，晚年突然离世，但他对蜀汉政权稳固做出的巨大贡献是毋庸置疑的。

胡昭：三国时的"隐士孔明"

三国时期，有两个人的表字是"孔明"，一位是大名鼎鼎的诸葛丞相，他是妇孺皆知的历史人物，而另一位"孔明"则鲜为人知了，他就是三国隐士胡昭。

胡昭字孔明，颍川郡（今河南省禹州市）人，他生于东汉桓帝时期。当时天下大乱、人心思变，胡昭一开始在冀州逃避战乱，袁绍想征召他为官，辅佐自己打天下。胡昭闻知袁绍嫉贤妒能，不愿为其所用，就悄悄逃离冀州，回到故乡后隐居起来。曹操迎汉献帝到许都后，也多次以礼征辟胡昭，盛情难却，胡昭只好面见曹操。胡昭自陈是乡野书生，对于处理军国大事没什么大的见识，且他早已习惯田园生活，还是归隐山林为好。曹操见他语气那么坚决，也不勉强他，说道："人各有志，兴趣愿望各不相同，我不为难你。"袁绍和曹操都是汉末实力雄厚的诸侯，可他们都十分尊敬胡昭，想要礼辟他为官，可见胡昭一定有着过人的才能。

后来胡昭移居到陆浑山中，过着日出而作、日落而息的生活，以求道为乐事，以研读经籍自娱，受到邻里的尊敬和喜爱。他在陆浑山开馆办学，凭其声望，当时前来求学的世家子弟车拉船载，就连后来的曹魏重臣司马懿也曾师从胡昭，并与其有着很深的交情。司马懿年轻时才学外露，因而遭到同乡周生的嫉妒，周生便计划在司马懿离开学馆的路途中除掉他。胡昭得知此事后非常着急，他跋山涉水、历尽艰辛，终于在崤山、渑池之间截住了周生，经他苦口相劝，周生才放弃了杀掉司马懿的计划。随后胡昭与周生砍枣树为盟后告别。

　　由此可见胡昭对司马懿有救命之恩，这司马懿的运气还真是好，在他年少尚未成名、险些遇害的危急时刻，被老师胡昭所救。如果胡昭此次没有施以援手，司马懿极有可能命丧周生之手，那历史也会被改写。

　　司马懿是曹魏的四朝元老，是诸葛亮一生最大的劲敌，也是西晋王朝的奠基者。胡昭能够做司马懿的老师，说明他的才能和谋略都不可小觑，因此深得司马懿的敬重。司马懿是一个诡谲老辣之人，他行事作风毫无底线，一切以自身利益为考量，可就是这样一个人却对胡昭尊敬有加，并且终生与其保持师生之谊。甚至司马懿在给自己的两个儿子取名时，也分别命名为"师"和"昭"，也就是长子司马师和次子司马昭，其中的含义不言而喻。能让枭雄司马懿如此尊敬，足见胡昭一定深通谋略，绝非普通的隐士可比。

建安二十三年（218），陆浑长张固征调男丁到汉中服役，百姓都害怕徭役，人心惶惶，平民孙狼等人趁这个机会聚众起事，举兵杀了县主簿，地方上因此被摧残破坏。张固率领十多名官兵，在胡昭住所周围招呼聚集留下的百姓，恢复了政权。孙狼等人于是向南归附了荆州的关羽，关羽授予他们官印并拨给士兵，并命令他们回魏国境内继续做贼匪，以扰乱曹魏后方。孙狼等人到了陆浑附近的长乐亭，他们约定："胡居士是个贤者，一定不能侵犯他的所在之地。"于是整个地方依靠胡昭的关系，都用不着担心害怕了。地方安定后，胡昭迁居到了宜阳县。孙狼等劫匪居然对隐士胡昭如此敬重，甚至相约不得侵扰胡昭所居之地。当时胡昭一无权二无财，却深受盗匪敬重，不敢相害，可见其魅力之大，这着实是个奇迹！

曹魏嘉平二年（250），曹魏朝廷再次征召胡昭为官，此时已是高平陵政变的第二年。当时司马懿大权在握，他便想到了自己的老师胡昭，特命公车征召胡昭。孰料适逢胡昭去世，时年89岁。司马懿终生都对胡昭念念不忘，即便是在胡昭耄耋之年亦不忘征召他，以为国家所用。胡昭不仅谋略过人，还擅长隶书，与钟繇、邯郸淳、卫觊、韦诞齐名，他的书信墨迹,被后人视为学习的范本。

  胡昭才干过人,早年避乱冀州,先后被袁绍、曹操征召,因不满社会的腐败而拒绝出仕;他喜好研读经籍,在隐居期间开馆办学,世家子弟就学者不计其数;他与司马懿有着深厚的师生之谊,曾力阻周生杀害司马懿,从而救得司马懿一命;他深受盗匪敬重,甚至使得盗匪相约不得加害于他;他博学多才,擅长隶书,与书法家钟繇齐名;他虽在后世无名,但却是三国时期家喻户晓的贤士。胡昭与诸葛亮同样都字"孔明",所不同的是诸葛亮是千古贤相,胡昭坚决不愿出仕而终生隐居,但他们都才干出众、品性高洁,被世人所尊敬。

刘巴：让诸葛亮自愧不如的蜀汉英才

刘巴（？—222）在历史上不是很出名，但他才能出众，深受诸葛亮推崇，甚至诸葛亮曾说过刘巴之才胜过自己，那这又是怎么回事呢？

刘巴字子初，零陵烝阳（今湖南邵东市东南）人也，出身官宦世家。他年少知名，其祖父刘曜曾为东汉苍梧郡太守，父亲刘祥亦任江夏郡太守、荡寇将军，可见刘巴的出生是自带光环的，再加上其自身才能卓越，因此在年轻时便很有名气。孙坚举兵讨伐董卓时，因南阳太守张咨不给军粮而将其杀害，刘巴的父亲刘祥与孙坚同心，南阳士民由此怨恨刘祥，举兵攻杀刘祥。荆州牧刘表也讨厌刘祥，就扣押了刘巴，打算杀害他。于是刘表派遣刘祥的亲信欺骗刘巴说："刘牧想要加害于你，你可以跟我一起逃走。"刘祥亲信虽多次劝说，刘巴就是不答应。亲信只好把事情经过全部告诉给刘表，刘表无奈，只得打消了加害刘巴的念头。由此可见刘巴年少聪颖、处事稳重，不偏听偏信，最终得以避开杀身之祸。

刘巴18岁时，当了个主管荆州户口与赋税的小官。荆州别驾刘先想让自己的外甥周不疑跟着刘巴学习，刘巴推辞说："过去我游学荆北，记诵诗书之学，不足以建立功名。我内无杨朱守静之术，外无墨翟务实之风，如天之南箕，华而不实。您赐书前来，打算让令贤甥舍弃鸾凤之才，游居在燕雀檐下，又将怎么启明他呢？我愧对'有若无，实若虚'的谦逊，怎堪成为令贤甥的老师！"周不疑是三国时的神童，与曹冲齐名，史书记载他"幼有异才"，可见他才智过人。刘先想让周不疑跟刘巴学习，体现了刘巴的杰出才能。此后刘表又多次征用刘巴，并推举其为茂才，刘巴都不应就。这体现了刘巴颇具识人之明，认为刘表不能成事，所以不愿辅佐他。

建安十三年（208），曹操南征刘表。不久，刘表病逝，其子刘琮接任荆州牧，曹操进军至新野，刘琮投降。刘备听闻刘琮投降的消息后，率众南撤江陵，后又退往夏口，荆楚一带很多名士都跟随刘备而去，刘巴却北上拜会曹操。刘巴不愿归附刘备，却选择北投曹操，说明他打心眼里是看不上刘备的，认为曹操才是一代雄主。曹操征召刘巴为属官，让他招纳荆州南部的长沙、零陵、桂阳三郡。曹操本打算派桓阶前去，因桓阶自称不如刘巴而改变主意。刘巴对曹操说：

"不能让刘备趁乱夺了荆州。"曹操坚定地说:"如果刘备想要图谋荆州,我便派大军攻打他。"曹操此言充满霸气,显示了他对荆州志在必得的决心。等到刘巴赶至荆州南部时,刘备果然已经占领了长沙、桂阳、零陵三郡,刘巴不能复命,想逃至交阯,准备再想办法回到曹操处。这体现刘巴是很有先见之明的,早就预料到刘备会图谋荆州。

当时诸葛亮在临烝,刘巴给诸葛亮写信说:"我乘危历险,本想应天顺民,劝荆州诸郡归顺曹公,使得天下重归一统。可众人太看重道义,要么考虑私利,这不是我的智谋所能规劝的。实在没办法的话,我将托命于沧海,不再回荆州了。"诸葛亮回信劝刘巴说:"刘公(刘备)雄才大略,无人可比,占据荆州,百姓归心,这是明摆的事,您不投奔他还准备去哪呢?"诸葛亮求才若渴,看重刘巴之才,劝其留在荆州辅佐刘备,体现了其博大的胸怀。可是刘巴并不领情,回信说:"我受曹公使命而来,不成功便当回去,这是理所当然的,你又何必苦苦相劝呢?"刘巴此言体现了他重诺守信的品性。于是刘巴前往交阯郡。刘备得知刘巴远走交阯之事后,深以为恨。

刘巴到了交阯后,把姓氏改为张。后来因与交阯郡太守士燮意见不合,于是经由牂牁道进入益州,结果被益州郡守拘留。益州郡的太守打算杀害刘巴,其主簿劝谏道:"这个人不是平常之人,不可杀他!"接着主簿请求亲自把刘巴押送到州治,由益州牧刘璋处理。太守应允。刘璋见到刘巴后非常惊喜,每有大事都会咨询他的意见。

建安十六年(211),刘璋想请刘备进入益州以讨伐张鲁,派遣法正去迎接刘备。刘巴劝谏说:"刘备智勇过人,让他进入益州必然会造成祸患,不能请他来。"等到刘备进入益州后,刘巴又劝谏刘璋说:"如果让刘备去讨伐张鲁,好比是将老虎放归山林啊!"可是刘璋一意孤行,不纳刘巴之言。刘巴只得闭门称病。后刘备果然夺取益州。刘备在围攻成都时,在军中下令道:"你们谁如果有伤害刘巴的,我就灭了他三族。"刘备能够对敌营谋士如此看重和珍惜,说明刘巴必定有着过人的才能。刘备夺取益州后,刘巴向其谢罪认错,刘备并没有因刘巴几次三番跟自己作对而有丝毫的责怪,反而为得到这样的人才而高兴,这体现了刘备的胸怀和气概。诸葛亮也多次称赞刘巴的才能,刘备遂任命刘巴为左将军西曹掾。

当初刘备与刘璋开战时,与众将士约定:"如果大事能成,刘璋府库里的东西任你们拿去,我是不会干预的。"刘备的这番话在很多人看来并非明主之言,可其当时的主要目的是攻克益州,这番话是为了激励将士,提振军中士气,乃是权宜之计。等到刘备攻下成都时,将士们都扔下武器前去府库拿取宝物，场面难以控制，致使军用不足。刘备对此非常担心。刘巴于是向他建议说："此事很容易解决，只需要铸造值百钱的铜板通行，统一物价，并实行公卖制度就可以了。"刘备听从了刘巴的建议，果然数月间，府库得以充实。

刘巴的这个建议确实快速有效地让蜀汉的经济得以复苏，但对于百姓来说，这绝对是个馊主意。蜀汉原先用的货币是五铢钱，刘巴建议将流通的货币改为值五百铢，原先的五铢钱作废，并且由政府出手，平抑物价。在蜀汉严格的管控之下，值五百铢顺利流通起来。值五百铢顾名思义就是现在的一个五铢钱值过去一百个五铢钱，也就是说原先用一元钱可以买到的东西现在要用一百元才可以买到，试想蜀汉的百姓如何开心得起来？由于刘备发行的是大面额虚值货币，收回的却是品相、质量上乘的传统五铢钱。所以在短短数月内，蜀汉政权就府库充盈。这种掠夺式经济的本质，其实是与民争利，变相搜刮民众财富，此乃权宜之计，无法从根本上恢复蜀汉的经济。此后不久，刘巴又与诸葛亮、法正、李严、伊籍共同制定了蜀汉的法典《蜀科》，奠定了蜀汉政权的法制基础。建安二十四年（219），刘备称汉中王，任命刘巴为尚书，后又让其代法正为尚书令。

刘巴为人清廉简朴，不治产业，且认为自己不是一开始就跟从刘备，害怕因此而受到猜忌，所以平日沉默寡言，下朝后也不与同僚多有来往，即使偶有闲聊，也不谈及公事。但刘巴作为名士，其清高秉性却丝毫未改。张飞曾经到刘巴处就宿，刘巴却不理会他，这使得张飞十分恼怒。诸葛亮劝刘巴说："张飞虽一介武夫，但很敬佩仰慕你。你虽然生性清高，但也要稍微放低格调呀。"面对诸葛亮的劝告，刘巴不以为然，回答道："大丈夫处世，应当交结天下的英雄，怎么能和一介武夫交谈呢？"此言表明刘巴从内心深处看不上张飞，认为张飞是只有勇力的武夫，不配与自己说话，体现了其清高的性格特点。刘备知道此事后，大怒道："我要平定天下，而刘巴却在这里捣乱，他是想北上投奔曹操，只是暂时在我这借条道，哪里是想辅助我成就大事呀！"又说道："刘巴才智过人，只有像我这样的英雄才可以用他，如果换了别人，很难驾驭他。"刘备在称赞刘巴的同时还不忘称赞自己，认为像刘巴那样才智过人的人，只有除了他自己，其他人很难驾驭。

　　刘巴不理会张飞的事情也传到了吴国，张昭认为刘巴心胸过于狭隘，不应如此抗拒张飞。孙权说道："若令子初随世沉浮，容悦玄德，交非其人，何足称为高士乎？"意思是说："若让刘巴随世俗沉浮，为了取悦刘备而结交张飞，怎么能称得上是高士呢？"刘巴身上确实体现了名士应有的清高和骄傲。诸葛亮也曾称赞他说："运筹策于帷幄之中，我不如刘巴,至于擂响战鼓,会集军门,使百姓个个奋勇争先,我们俩就不知道谁稍占上风了。"诸葛亮认为在"运筹帷幄"这方面,自己不如刘巴,对其推崇备至。虽然这句话包含了他的自谦,但也确实体现了刘巴的才智过人,其杰出才能甚至让诸葛亮自叹弗如。

当时曹魏建立,中原人心不一,很多人都延颈盼望刘备。刘备打算即帝位,刘巴认为此举会被天下人认为胸怀不广,应该暂缓,于是便和主簿雍茂劝谏刘备。刘备杀鸡儆猴,借故杀了雍茂。自此以后,曹魏方面再也无人前来投奔刘备。此事体现了刘巴见识非凡,且有先见之明。蜀汉章武元年(221),刘备称帝,刘巴为刘备起草了登基时所需的各种祷文、诏诰、文书。蜀汉章武二年(222),刘巴去世。刘巴去世后,曹魏尚书仆射陈群给蜀汉丞相诸葛亮写信,探问刘巴的情况,在信中称呼刘巴为"刘君子初",可见陈群对刘巴的敬重。刘巴在魏时日不长,却让曹魏重臣陈群如此敬重,始终念念不忘,还写信给诸葛亮探问他的情况,足以说明其能力是得到众人认可的。

刘巴少时知名,不仕刘表;在刘备奔江南时却北投曹操,受命招纳荆州三郡不成,选择远走交阯也不愿辅佐刘备;后从交阯入蜀,得到刘璋厚待;在刘备入蜀时,他屡次劝谏刘璋应阻止刘备入蜀,不被采纳;在刘备攻占益州后,他归顺刘备，出谋划策，安定益州，复苏蜀汉经济，深得刘备敬重；他为人清俭，不治产业，有名士之风，性格清高，不理会武人张飞，让刘备愤怒；诸葛亮对他的才能称赞不已，甚至自叹弗如；他去世之后仍让魏国重臣念念不忘，来信探问。刘巴的一生虽没有轰轰烈烈，却也并非平淡无奇；他怀有大才，先后出仕曹操、刘璋和刘备，并得到众人一致的肯定和尊重；他虽未出名，却堪称是三国时期的一代名士，其才能和君子之风得到当时人的广泛推崇，这是极为难能可贵的。

孙谦：救司马懿一命的三国小人物

提起孙谦，即便是熟读三国的人也可能会对这个名字感到陌生。的确，在三国这样一个英雄辈出的乱世，孙谦连配角都算不上，顶多是一个跑龙套的小人物，关于他的历史记载更是少得可怜。可就是这样一个名不见经传的小人物却直接救了奠定西晋政权的司马懿的性命，从而改变了历史的走向。这又是怎么回事呢？一切都要从司马懿夺权说起。

曹魏景初三年（239），魏明帝曹叡一病不起，临终前托孤于司马懿和曹爽二人。当时司马懿刚刚平定辽东公孙渊叛乱，率师返回，魏明帝曹叡将他急召到卧室，拉着他的手说道："现在我把后事托付给你，希望你和大将军曹爽能共同辅佐齐王曹芳。我在死前能见到你，也就没什么遗憾的了。"说罢他又将齐王曹芳和秦王曹询召来，嘱托司马懿照顾。当天魏明帝便驾崩了，时年36岁。年仅8岁的齐王曹芳继位后，司马懿和曹爽共同辅政。从曹叡的临终托孤，可以看出他对司马懿是非常信任的，就好比是刘备当年托孤诸葛亮，可惜司马懿并不是诸葛亮，他最终辜负了曹叡的信任，并在不久的将来颠覆了曹魏的江山。

曹芳少年继位，大权都掌握在曹爽和司马懿手里，曹爽虽是魏国宗室，但年纪尚轻，资历、威望都远不及司马懿，所以一开始他还是很尊敬司马懿的，有事总是听他的意见，不敢自专。但不久，曹爽就开始骄横跋扈、刚愎自用，听从亲信丁谧之谋，排挤司马懿，将他升迁为没有实权的太傅，实则是剥夺他的军权，自此曹爽开始专擅朝政。司马懿看在眼里，装聋作哑，一点儿也不在乎，后来索性直接称病不上朝了，蛰伏待机，其实这正是他的高明之处。

曹魏正始十年（249），曹芳车驾离开洛阳至高平陵扫墓，曹爽兄弟三人全都陪同而去。曹爽的谋士桓范认为曹爽兄弟三人掌握禁兵，事关重大，不适合一同出行，若有人趁此机会关闭城门发动兵变，谁又能进得城内呢？曹爽却骄傲自负，认为自己握有大权，没有人敢这么做，于是不听桓范之言。由此可见曹爽根本没有政治头脑，也绝非司马懿的对手，最后败亡也是情理之中的事情了。

在曹爽兄弟陪同曹芳前往高平陵祭祖之时，司马懿瞅准时机，发动政变，控制了宫门，并以太后名义下诏列数曹爽罪状，剥夺其兵权。司马懿领兵从宫廷急往武库赶的时候，刚好路过曹爽家。曹爽妻子刘氏见状十分恐慌，她从内室来到厅堂，给曹爽帐下守督说："公在外。今兵起，如何？"意思是说曹爽如今在外，太傅发动兵变，应该如何是好？守督说道："夫人不用担心。"于是登上门楼，拉开弓弩就要射杀司马懿。这时守督帐下将领孙谦急忙制止，说道："如今情势不明，曹爽和司马懿胜负尚未可知，若杀了司马懿未必是好事。"他如此再三劝止守督，司马懿才得以从曹爽大门前经过。

从孙谦的话中可以看出他十分聪明，对天下大势的发展有着明晰的认识，虽然只是个名不见经传的小人物却有着非凡的见识，认为曹爽未必能够战胜司马懿，若贸然射杀司马懿未必是件好事。孙谦具有如此远见非普通小卒可比，倘若为将必定会有一番作为。

试想如果当时孙谦没有出手阻拦，守督下令放箭，那么司马懿必会被射杀，晋朝将不会存在。可见司马懿着实是一个幸运之人，在他距离死亡最近的危急关头，却被一个名不见经传的小人物所救，更幸运的是他还遇到了曹爽这样一个头脑简单的对手，因此才能够取得高平陵政变的胜利，最终颠覆了曹魏的江山，为西晋政权的建立奠定了基础，这一切事情的发生看似偶然，实则有其必然性。所以有的时候小人物也会改变历史走向，这正是三国历史的魅力所在。

虞翻：性格疏直的东吴文武全才

虞翻这个人并不出名，也没有在历史上留下足够的影响力，可他确是三国时期难得一见的文武全才，是精通多种技艺的牛人，同时也是东吴十分重要、必不可少的一位学者，这又从何说起呢？

虞翻（164—233）字仲翔，会稽余姚（今浙江省余姚市）人，三国时期吴国的学者。最初虞翻在会稽被太守王朗任命为功曹，后来孙策进攻会稽，虞翻当时正值父丧，他不顾礼节，脱掉丧服进府面见太守王朗，劝他暂避锋芒，不要与孙策开战。王朗则认为自己身为汉臣，保境安民乃职责所在，于是不听虞翻之言，坚持与孙策开战，结果大败。王朗则乘船逃到侯官（今福建省福州市一带）。后来随着孙策进攻侯官，王朗无奈只好投降。孙策也只是象征性的责备了他，并未为难他。

虞翻守孝结束后，孙策亲自到家中探访他，并任命其为功曹。不仅如此，孙策还写信给虞翻说道："在当今的局势下，我应当与你共创大业，我孙策也绝不会仅仅把你当作是我的郡吏来看待的。"这番坦诚相待的话让虞翻深受感动。

孙策的做法体现了他的礼贤下士以及爱才惜才之心，其实在东吴孙策只对两个人说过这样的话，一个是虞翻，另一个人就是太史慈。孙策早期生擒太史慈时就曾说过："今日之事，当与卿共之。"还说道："子义舍我，当复与谁？"这话说得是多么的霸气和自信，真乃是英雄本色。后来孙策给虞翻也说出了同样的话，并且以知己相待，体现了其对虞翻的看重，这两个人最后成为孙策的左膀右臂，为东吴政权的建立与巩固立下了汗马功劳，足见孙策颇具识人之明。

孙策虽然英勇果敢，但却喜欢单骑出行，率性而为，虞翻为此屡次劝谏说："微服出行，侍卫来不及戒严，这会将您置于危险境地。身为君主，您不应该以身犯险，做出这样不庄重的行为，希望您能注意。"孙策听后认为虞翻说得很对，但却经常无法控制自己，忍不住要轻骑出行，最后孙策果然为他的轻率行为付出了惨痛的代价。汉献帝建安五年（200），孙策外出狩猎，被许贡的门客刺杀身亡，年仅26岁。这不能不说虞翻是很有先见之明的。

虞翻这个人不仅很有智谋，还精通多种技艺，算得上是当时的全才。孙策讨伐山区越人的时候，命令身边的侍从都分开追赶逃亡的越人。他自己一人一骑和虞翻在山中相遇，由此可以看出孙策还是习惯独来独往，总是将自己置于危险境地，不注意保护自己的安全，这是他的致命缺点。虞翻见孙策只身一人，大惊道："这实在是太危险了！"于是让孙策下马步行，说道："这里草深，情况不明，如遇危险，来不及掉转马头。您索性不要骑马，牵马步行即可。我擅长使用长矛，走在前面保护您。"等走到平地的时候，虞翻劝孙策乘马，孙策说道："你没有马怎么办呢？"虞翻说："我能步行，日行二百里，自从征战以来，将士们没有人比我跑得快，您请乘马，我能大步跟上。"

看来虞翻这个人可真是个奇人，仅这日行二百里的本事就堪称特异功能了，而且还是在山上，用走路的方式居然可以追上奔跑的骏马，这真的是天赋异禀了。不仅如此，虞翻还很有治国才能，孙策曾将其比作汉初三杰之一的萧何，给予极高评价，说道："孤有征讨事，未得还府，卿复以功曹为吾萧何，守会稽耳。"萧何就是以内政见长，总管后勤，足食足兵以相供给，孙策将虞翻比作萧何，足见虞翻具有很强的内政能力，体现了他对虞翻的看重。

建安五年（200），虞翻转任富春县令，此时孙策遇刺身亡，各县官员都打算去奔丧，但虞翻认为江东未定，如果官员们都离开可能会令贼匪和变民有机可乘，侵扰州县，于是留守在富春服丧，其他各县官员都效法他，维持了江东各县的安定。后来，虞翻获举茂才，东汉朝廷和曹操先后辟命，虞翻都一概拒绝。甚至他在听闻曹操征辟时，还鄙夷地说："盗跖欲以余财污良家邪？"可见虞翻是十分瞧不上曹操的，说话也是非常的刚正耿直。

孙权后来任命虞翻为骑都尉，但虞翻多次大胆地向他进谏，令孙权颇为不满。同时，虞翻与一些官员的关系也不是很好，多次被毁谤，最终被流放到泾县。通过此事可以看出孙权的心胸实在无法跟孙策相比，仅仅因为虞翻直言进谏就将其流放，弃用如此贤臣，真是一大失策。

建安二十四年（219），吕蒙意图袭取荆州，他先称病回建业以麻痹关羽，降低关羽的戒心。在建业时吕蒙以虞翻精通医术为由要求他随军，想借此让虞翻官复原职。虞翻不仅精通医术，还精通易经，关羽被击败后，孙权让虞翻占卜，虞翻说："不出两天，关羽必被杀头。"事实果真如虞翻所说。孙权说："你固然比不上伏羲氏，但比得上东方朔了。"

虞翻不仅文武双全，性格也是刚正不阿。他疾恶如仇，特别痛恨不忠不义之人。当时魏将于禁被关羽俘虏，孙权得荆州后于禁就被留在了东吴。有一次，孙权骑马出来，请于禁和自己并行，虞翻叱责于禁说："你是个俘虏，怎么敢和我们主公的马齐头并进呢？"于是就要拿鞭子打于禁，被孙权呵止了。此后不久，孙权在楼船和群臣会饮，于禁看着歌舞痛哭流涕，虞翻又说："你打算装模作样来求得宽赦吗？"孙权对虞翻的行为感到很愤懑。

后来孙权与魏和解，想要把于禁遣回魏国，虞翻却建议孙权斩了于禁用来警示身为人臣却有二心之人。孙权不听，后来群臣为于禁送行，虞翻又对于禁说："你不要以为我们东吴没有可用之人，只不过是我的计谋不被采纳罢了。"于禁虽然被虞翻所讨厌，但仍非常赞赏他，认为他学识渊博、品性刚直，这是极为难得的。虞翻身在东吴为官，却名扬海内，就连魏文帝曹丕也常常在朝廷上为他设虚座，可见虞翻在当时的影响力是很大的。

除了于禁外，虞翻在对待另一个降将糜芳时也是屡次以言语羞辱，直言不讳。糜芳原先是蜀汉臣子，糜竺的弟弟、糜夫人的哥哥，身为蜀汉国舅，在吕蒙偷袭荆州的时候，他却开城投降，导致关羽迅速败亡，蜀汉元气大伤。可以说糜芳是蜀汉的罪臣之一。有一次，虞翻搭船出行，和糜芳相遇，糜芳船上人多，欲让虞翻避让。虞翻高声骂道："丧失了忠信，拿什么服侍君主？献出人家两座城，还妄称将军，你配吗？"糜芳赶忙关上船窗回避了。之后虞翻搭车出行，又经过糜芳的虎帐大门，军官关上营门，虞翻的车马过不去。虞翻又震怒说:"该关的时辰反而打开,该打开的时辰反而闭塞,这是你们应该做的吗?"这句话意在讽刺糜芳在应该关闭城门拒敌的时候却开城投敌,背弃忠义。糜芳听到后,露出羞愧的神色。虽然虞翻是东吴臣子,可是对于糜芳的叛变行为仍表现出了蔑视和鄙夷,可见其是忠贞之士。

虞翻这个人才能出众,但性格过于耿直,常常犯颜直谏,丝毫不给孙权留面子,屡次触怒孙权。有一次,孙权设庆功宴席,亲自起来劝酒,虞翻趴在地上装醉,不端酒觞。孙权走后,虞翻则坐直身子。孙权于是震怒,拔出佩剑要杀他,在座的人都很惊慌。只有大司农刘基起身抱住孙权,劝道:"大王饮酒之后杀掉名士,就算虞翻有罪,天下人谁会相信呢?"孙权说:"曹操尚且杀了孔融,我杀个虞翻又有什么!"刘基说:"曹操轻易杀害士人,这才遭到天下非议。大王推行德义,就更不能杀死虞翻了。"虞翻因此得以免死。还有一次,孙权和张昭辩论神仙,虞翻指着张昭说:"你们都是死尸,还辩论神仙,世上怎么会有神仙?"孙权于是大怒,忍无可忍,将虞翻放逐到交州。

虞翻到交州后,仍然心系国家。东吴嘉禾元年(232),孙权派将军周贺和校尉裴潜从海路到辽东向公孙渊求马,虞翻认为辽东路远,派人到那里求马并没有益处,请求交州刺史吕岱给孙权传话,但吕岱又不肯。此后不久,虞翻再次遭人中伤，被流放到苍梧郡。后来周贺渡海时遇风暴，随后又被曹魏将领田豫攻击，买马之事没能成功。孙权于是大感后悔，并想起虞翻，感叹道："虞翻亮直，善于尽言，前使翻在此，此役不成。"意思是说如果虞翻在这里的话就不会让我遭遇失败。于是命人到苍梧郡找寻虞翻，找到就护送他回建业，若已死，则送还会稽，并让其儿子出来做官。可惜虞翻此时已经去世，享年70岁。可叹孙权在此时才想到虞翻这位奇人，怎奈错已铸成，后悔也无济于事了！

　　虞翻这个人在历史上并不出名，如果按照知名度来排序，大概连个二流人物都算不上，但他确实能力超群，文武双全。他的一生也是跌宕起伏。他是经学大家，精通周易，乃两汉象数易学之集大成者；他善使长矛，武艺高强，能日行二百里，脚力超过虎豹骑；他医术高超，卜算神奇，生平预测无有不准；他刚正不阿，疾恶如仇，常犯颜直谏，不畏权威。然而，就是这样一个奇人，平生做过最大的官竟只是东吴的骑都尉，说来真是可笑。他半生不得志，最终流落蛮荒，研读经学了却残生，世间至憾之事，莫过如此。这足见孙策和孙权在对待虞翻的态度上是截然不同的，孙权的心胸还是不及其兄孙策宽广，彼时若是孙策在朝，虞翻断不会凄凉至此。

　　可惜的是虞翻错生在了三国这个英雄辈出的时代，生在这个时代既是幸运又是不幸，因为这个时代有太多的英雄光芒四射，这种光芒遮挡住了很多原本也才干卓绝之人。千载之后，虞翻这个名字也早已石沉大海，现今知道虞翻的人可谓是寥寥无几，这样一位三国神人被遗忘，实在是可惜啊！

诸葛瑾：敦厚笃实的东吴良臣

一提起诸葛瑾，很多人都不太了解，可若是说起他的弟弟那可是家喻户晓、妇孺皆知了，没错，诸葛瑾正是蜀汉丞相诸葛亮的胞兄。在《三国演义》里，罗贯中为了塑造诸葛亮智慧化身的形象，于是将诸葛瑾写成了软弱无能之人，甚至还杜撰了诸葛亮几次戏耍诸葛瑾的情节，殊不知这样的描写不仅贬低了诸葛瑾，更贬低了重情重义的诸葛亮。

由于《三国演义》的刻意渲染，诸葛瑾总给人一种老实无能、才干不足的印象，可事实上诸葛瑾不仅能力出众，人品更是敦厚仁善，善于处理同僚关系，深得孙权器重和赏识。他凭一己之力从寄寓江东的宾从到后来官拜大将军，必有其过人之处。

诸葛瑾（174—241）字子瑜，琅邪阳都（今山东沂南）人，三国时期东吴的开国元勋。诸葛瑾生母去世得早，他在守孝期间一切行为合乎礼节，侍奉继母也恭敬谨慎，甚得人望，可见其乃纯孝之人。建安五年（200），诸葛瑾因中原战乱而避乱江东，孙权的姐夫曲阿弘咨遇见诸葛瑾，对其才华感到惊奇，向孙权推荐，于是诸葛瑾与鲁肃等一起为宾侍。建安二十年（215），孙权遣诸葛瑾出使蜀地通好刘备，诸葛瑾与其弟诸葛亮只在公馆见面，私下从不会面，两人见面也只谈公事，不谈私事。这件事体现了诸葛兄弟的公私分明，以及先公后私的崇高品质，在这一点上诸葛瑾丝毫不逊色于弟弟诸葛亮。

诸葛瑾仪表堂堂又温文尔雅，落落大方，当时的人们都佩服他的高雅气质。孙权对他也甚为看重，每有大事都要征询他的意见。诸葛瑾胸怀宽广，懂得讲话艺术，他同孙权谈话或劝谏时，从不急迫直言，也从不与孙权发生正面冲突，只是稍微表示出自己的倾向，点到为止。如有与孙权心意不合时，他便放弃正在进行的内容而转向其他的话题，渐渐地再借其他事情从头开始，以对同类事情的看法求得孙权的赞同。

吴郡太守朱治，是孙权提拔的将领，孙权对他十分敬重。后来，孙权因事对朱治有些怨恨，只碍于情面不好意思当面责备他，然而内心的怨恨无法排解。诸葛瑾揣摩到其中的缘故，又不敢明白地说出口，于是他就给孙权写信，广泛地阐明事物的常理，借题迂回地推测分析孙权的内心活动。

孙权看信后很高兴，见到诸葛瑾笑着说："我的疙瘩让你给解开了。颜渊的德性，是要人更为亲爱，大概就是这个意思吧！"

孙权曾责备过校尉殷模，所定罪名令人难料。很多大臣为殷模求情，孙权更加愤怒，与求情的人反复论争，只有诸葛瑾默不作声。孙权说："子瑜怎么不说话？"诸葛瑾离开座席，说："臣下与殷模等因遭受故土沦陷，生灵灭绝，离弃祖坟，携老带幼，披荆斩棘，前来归顺圣明的教化，在流亡中，蒙主公生身养命之福，而我们不能自我相互督促，报答主公万分之一的恩德，致使殷模辜负您的恩惠，自我陷入罪恶之中。为臣认罪尚来不及，确实不敢说什么。"孙权听后很为伤感，于是说："我特为你而赦免他。"

诸葛瑾劝谏孙权的话是充满智慧的，在当时孙权盛怒的情况下，他若是和其他人一样直接替殷模求情，那样非但救不了殷模，恐怕还会激怒孙权，适得其反。于是他委婉地表明态度，所言发自肺腑，真情流露，感动了孙权，从而达到目的，成功救下了殷模。

蜀汉章武元年（221），刘备愤恨孙权杀了关羽、夺取荆州，于是出兵伐吴。孙权求和，诸葛瑾与信给刘备，劝其罢兵言和，主张稳固孙刘联盟，信中称："陛下以关羽之亲何如先帝？荆州大小孰与海内？俱应仇疾，谁当先后？若审此数，易如反掌。"在这封信中，诸葛瑾连续三次发问，句句切中要害，劝说刘备不要因小失大，不应因一人一城而错失天下，这样做只会让曹魏有机可乘，使亲者痛仇者快，而应该放眼天下，联吴抗魏，这才是明智之举。这体现了诸葛瑾非同一般的格局和智慧。

当时刘备兵势正盛，而诸葛瑾的弟弟诸葛亮又是蜀汉丞相，于是有人进谗言诋毁诸葛瑾，称其与刘备互通信息，流言甚盛。孙权说道："我与子瑜有死生不易之誓，子瑜不负我，如同我不负子瑜一样。"孙权的态度体现了他的用人不疑，以及对诸葛瑾的完全信任。诸葛瑾也不负所望，一心一意效忠于东吴，让这些流言不攻自破。孙权本身是一个多疑且刻薄寡恩的君王，这些特征在他晚年的时候表现得尤其明显，可他偏偏对诸葛瑾信任至极，从无半点怀疑，甚至还把他当成自己的朋友相处，这说明诸葛瑾在为人处世上必定有非凡之处。

这里还有件事情值得一提。建安十三年（208），曹操率大军南下，刘备兵败，走投无路，于是派遣诸葛亮出使东吴，联盟抗曹。诸葛亮凭借其杰出的才能智激孙权，成功促成孙刘联盟。孙权见诸葛亮能力出众，便让诸葛瑾劝说其弟诸葛亮留在东吴。诸葛瑾说道："我弟弟诸葛亮已经选择刘备，相信他是没有二心的，弟弟不会留下就如同我不会去刘备那里一样。"诸葛瑾此言是充满智慧的，既表明了弟弟诸葛亮不会留下的事实，也表达了自己对东吴政权的忠心，一举两得。这番话不仅体现了诸葛瑾对弟弟为人的了解，更说明在品行上他并不逊色于诸葛亮。

诸葛瑾不仅对国家忠诚，在对待同事朋友时也十分仁厚。当时虞翻因为狂放直率，顶撞孙权而被流放，只有诸葛瑾多次替他说情。虞翻在给亲友的信中说："诸葛瑾敦仁厚义，效法上天救活生灵，近来承蒙他仗义执言，为我保全名分，无奈我积怨过多、犯罪过深，深为陛下所忌恨，虽有祁奚之类的人相救，而我却无羊舌氏那样的德行，解救是没有什么希望了。"通过虞翻对诸葛瑾的评价可以看出，诸葛瑾是一个敦厚良善之人，在孙权盛怒之时，其他人都不敢劝谏，只有他屡次仗义执言，为虞翻求情，实在是难能可贵。东吴黄龙元年（229），孙权称帝，封诸葛瑾为大将军、左都护，领豫州牧。赤乌四年（241），诸葛瑾去世，享年68岁，死前嘱咐买棺服、办丧事要简约。诸葛瑾与弟弟诸葛亮一样，都崇尚节俭、主张薄葬，乃品格高尚之人。

诸葛瑾的一生虽然没有建立丰功伟绩，可其品性纯良、敦厚笃实，这点确是毋庸置疑的。诸葛瑾母亲早亡，他侍继母恭谨，为子仁厚纯孝；他早年效力孙权，为臣直言敢谏、忠贞不贰；在同事遇难时他尽力解救，为友真诚可靠。诸葛瑾的历史地位和名声固然远不及其弟诸葛亮,这都是因为诸葛亮的光芒实在太大,所以掩盖了诸葛瑾本身所具有的才能,但不能因此就忽视诸葛瑾身上的过人之处,尤其是他的品性和为人,这样的人不应该被历史所淹没。

第二篇 忠勇篇

DI-ER PIAN
ZHONGYONG PIAN

曹髦：很有血性的傀儡皇帝

自古以来，皇帝是至高权力的拥有者，历朝历代不知有多少人为了得到这至尊之位明争暗斗、互相残杀，置生死于不顾。虽然这条道路是布满荆棘、血流成河的，一不小心还会万劫不复，但出于对至高权力的渴望，古往今来还是有无数的人为了皇位前赴后继，斗得头破血流，甚至付出惨痛代价也在所不惜。

虽然皇权是至高无上的，但历史上也有很多皇帝大权旁落，他们不仅没有丝毫权力，甚至稍不注意就可能被权臣害死，因此这些傀儡皇帝想要活命就只能隐忍不发，凡事顺从权臣意愿，不做丝毫抵抗，如此方可保命。可是偏偏有这样一个皇帝，明明身为傀儡，却不甘大权旁落，最后奋起反抗，惨死于权臣刀下，他就是魏高贵乡公曹髦。

曹髦字彦士，豫州沛国谯县（今安徽省亳州市）人，三国时期曹魏第四位皇帝。魏文帝曹丕之孙，东海定王曹霖之子。曹魏正始五年（244），年仅 4 岁的曹髦被封为郯县高贵乡公。他从小好学，才慧早成，有祖父曹丕的风范。正元元年（254），司马师废掉魏帝曹芳，打算推立曹操之子曹据为帝。当时曹髦是魏文帝曹丕在世的庶长孙，郭太后以担忧魏明帝曹叡绝嗣和辈分为理由执意要求立曹髦为帝，最终 14 岁的高贵乡公曹髦被立为大魏皇帝。曹髦虽然年少，却聪敏知礼，进退有度，在从封地到京都洛阳继承皇位的过程中，他始终恪守礼节，没有半分逾矩行为。

正元元年（254），曹髦到达京都洛阳北郊邙山的玄武馆，群臣奏请他住在前殿，曹髦回答说前殿乃先帝寝殿，不敢越礼，于是暂住在西厢房中。曹髦正式进入洛阳时，文武百官都在西掖门南拜迎，曹髦见状也赶紧下车答拜百官。司礼官奏说："按礼仪您为天子，不必答拜臣下。"曹髦回答："眼下我也是别人的臣子啊！"遂对群臣答拜还礼。到止车门，曹髦要和群臣一样下车步行。左右皆劝阻说："按惯例您可以一直乘车进去。"曹髦说道："我被皇太后征召而来，至于安排我做什么现在还说不准呢！"他还是下车和群臣一样步行到太极东堂。皇太后在那里会见了曹髦，当天他便在太极前殿正式登基称帝。曹髦的这一系列做法颇具明君气象，体现了他的谦卑得体，参与典礼的百官见此都很高兴，认为曹髦能够成为中兴魏室的一代明君。

曹髦继位后，大将军司马师还问钟会道："当今皇上是个怎么样的人呢？"钟会回答道："文同陈思，武类太祖。"钟会的意思是说当今皇上的文采可以同陈思王曹植相比，武略堪比魏武帝曹操，可以说这八个字的评价是相当高的。司马师听了这个评价心里相当不是滋味，想必他当时是十分后悔选择了曹髦为帝。这也难怪，一个14岁的少年在文才武略上就可以比肩曹植和曹操，那他长大后必然不易控制。司马师毕竟城府极深，虽然心里这样想，但嘴上还是违心地说道："如卿所言，社稷之福也！"可见曹髦确实是少年英才，天资聪慧，可惜他生不逢时，偏偏生在了社稷动荡的乱世。当时司马氏专权，国祚不保，皇帝形同虚设。曹髦虽有中兴魏室之心，无奈心有余而力不足，仅凭他一人之力难以挽回颓势，实在是可悲可叹！

曹髦刚继位就下令削减天子的车马服饰和后宫费用，并去除宫廷及官府中的无用之物，同时派身边的一批侍从官员到国内各地巡视，代表天子了解各地人情世故，慰问地方官员和百姓，同时调查有无冤案和官员失职的情况。他的这些做法都体现了其节俭作风以及心忧天下的仁君形象。曹髦继位时魏国正处于司马氏兄弟专权之时，他手中没有权力，政令皆不由己出，但他还是在一定范围内施行一些力所能及的仁政。

曹髦不仅天资聪慧，英明果敢，同时擅长诗文，创制了九言诗，传世文章有《颜子论》等。曹髦喜好儒学，曾于太学时就经义提出若干问题，还曾和诸大臣在太极东堂并作文论。他十分推崇夏朝的中兴之主少康，认为少康的德行和功绩在汉高祖刘邦之上，他有理有据说得满朝大臣都心服口服。试想一个年仅14岁的少年就可以将满朝饱学之士说得心服口服，莫能与之辩，可见他的机敏聪慧、博古通今，也难怪钟会认为曹髦的文采可以比肩才高八斗的曹子建。不仅如此，曹髦还精通绘画，是中国历史上第一位成为画家的皇帝。坦白讲，如果曹髦不是皇帝，那他一定会成为像曹植那样出色的文学家而流芳后世，可他的身份却限制了他，让他身不由己，也注定了他的悲剧和不平凡的一生。

正元二年（255），镇东大将军毌丘俭、扬州刺史文钦起兵声讨司马氏。大将军司马师带病征讨淮南，经过几番激战，毌丘俭战死，文钦逃往东吴。然而，司马师在这场战争中却被文钦之子文鸯惊得眼球掉落，病上加病。叛乱平息不久，司马师在许昌已奄奄一息。他自料性命难保，就派人从洛阳叫来了弟弟司马昭，对他说："我估计自己不行了，我死之后由你接掌我的大将军印。"话未说完，司马师便一命呜呼。消息传到宫中，曹髦大喜。他意识到这是夺权的好机会，于是一面下诏命司马昭留守许昌，让尚书傅嘏"率六军还京师"，一面着手筹划宫廷政变。不料，司马昭识破了曹髦的计策，他率领军队回到了洛阳。这样一来，曹髦的计划落了空。为避免引起更严重的祸乱，他只好接受既定事实，封司马昭为大将军。从此，司马昭独掌大权。一次宝贵的翻身机会，就这样与曹髦失之交臂。

甘露四年（259），有黄龙出现在井中，众人都以为此乃吉兆，可是曹髦却说："龙者，君德也。上不在天，下不在田，而数屈于井，非嘉兆也。"于是乃作潜龙诗以自讽，司马昭闻此愈发不满。通过曹髦的这句话可以看出他是将自己比作屈尊于井中的真龙天子，受小人掣肘而不得施展抱负，足见其胸怀大志，以及无处施展才华抱负的悲凉之情。

甘露五年（260），曹髦继位已经六年，从少年已然成长为青年，胸怀大志的他眼见帝室衰微，自然不甘坐以待毙。血气方刚的曹髦决定反击，虽是以卵击石也要奋起反抗。据《汉晋春秋》记载："帝见威权日去，不胜其忿。乃召侍中王沈、尚书王经、散骑常侍王业，谓曰：'司马昭之心，路人皆知也。吾不能坐受废辱，今日当与卿等自出讨之。'"曹髦说的这句话在后世非常有名，而这里所说的司马昭之心自然指的是司马昭专权篡位之心。

曹髦说完这话之后，王沈、王经和王业三人大惊失色，纷纷劝其隐忍。曹髦将早已写好的诏书扔在地上，说道："我已经决定了，即便死了，也没什么可怕的，何况我还不一定死！"只是可惜曹髦纵有中兴魏室之心，但毕竟太年轻，且所托非人，三人中除王经外，其余两人担心祸及自身，于是向司马昭报告了这一消息。司马昭立即叫护军贾充等做好准备。曹髦亲自驾车率领左右进攻司马昭的府邸，到达南阙时贾充率领兵将阻挡曹髦，但相府中的兵将见皇帝亲自挥剑指挥，无人敢上前迎战，更不敢伤及皇帝，于是想要退却。贾充一时也不知如何是好。谁知关键时刻一个叫成济的家伙大概脑袋缺氧，居然主动前来送死。成济问贾充说："事情紧急了，你说该怎么办？"贾充见有人主动送死，忙说："司马公养你们这些人，正是为了今日。事情都到了这个地步，还有什么好问的！"于是成济手持长戟，催马上前，在大庭广众之下将曹髦弑杀于车下。这个成济是真不怕死，敢冒天下之大不韪在公共场合将天子一戟刺死，他也不想想杀死了皇帝自己还能活吗？果不其然，司马昭为了向天下臣民交代，下令灭了成济三族。或许成济到死都不明白自己到底错在哪里，他只想着自己为司马氏立下不世功业，可是却忽视了封建礼法。

在封建时代，弑君属于大逆不道，即便是傀儡皇帝也依然是天下之主，该有的礼法不可缺，更何况成济还是在众目睽睽之下将皇帝杀死，为了堵住天下悠悠之口，也只有牺牲他了。事后司马昭又灭了没有向自己告密的王经三族，如此狠辣果决的手段比起他的父兄真是有过之而无不及。

曹髦虽然未获成功，但他确实做到了以百分之百的努力在力争百分之一的机会。在政治凌辱和死亡威胁下，他没有软弱、屈辱和退让，而是敢于直面，奋起抗争。他是壮志未竟的皇帝，更是值得尊敬的斗士。他有刚烈的血性，为了活出帝王的尊严，为了活出人性的高贵，不惜以生命为代价，与残酷的命运抗争，用壮烈的死亡，赢得了帝王的尊严，赢得了世人的尊重。与其苟且偷生，毋宁高贵赴死。

曹髦的一生无疑是短暂而不平凡的，他天资聪颖、机敏果断、好辞尚赋、多才多艺；他关心民生、礼贤下士、仁德节俭、胸怀大志。如果他生于太平治世，那必定是流芳千古的一代明君；如果他生于寻常百姓之家，那必定是不输于曹植、王粲的文学家。可惜的是他却生在了社稷动荡的乱世，当斯之时，权臣干政、国祚不保，亡国之祸近在眼前，他虽是天纵英才却也无能为力，只能选择做最后的抗争，奋起一搏，与大厦同倾了。毫无疑问，曹髦是一个可怜人，是一个悲惨的帝王，更是一个勇敢的战士，他的一生虽然短暂却足以让后世永远铭记，堪称是中国历史上很有血性的傀儡皇帝了。

冯熙：堪比苏武的东吴使臣

邦交，从古至今都是非常重要的事情，各国之间为了各自的利益会派出使臣进行各种谈判，这些使臣必须才思敏捷、辩才过人，还要有无惧生死的勇气，方能不辱使命，若稍有不慎便有杀身之祸，因此历朝历代的使臣都责任重大。三国时期，各国之间往来频繁，或战或和，皆以利益为考量，这时也出现了很多出色的外交使臣，而冯熙正是其中之一。冯熙的知名度虽远不及同时代的邓芝、费祎等人，但他确实是不负使命，甚至堪比西汉时期的苏武。这又是怎么回事呢？

冯熙字子柔，东汉著名军事家冯异之后。孙权担任车骑将军的时候，冯熙任其幕府东曹掾。蜀汉章武三年（223），刘备病逝于白帝城，孙权派遣冯熙出使蜀汉吊丧，冯熙使蜀回朝后，被任命为中大夫。后来孙权又派遣冯熙出使魏国，魏文帝曹丕问他："吴王若想与魏修好，应该陈兵江关，对抗蜀汉，而我听说如今吴王又与蜀重新修好，其中一定有什么变故吧？"冯熙回答道："吴国与蜀修好是为了窥伺敌人的间隙，不是有预谋的。"冯熙的回答体现了他的机敏和胆识过人，展现了一国使者的风度。

曹丕接着又问："听说吴国连年灾害，人才凋零，你是怎么看待这些问题的？"冯熙答道："吴王聪明仁惠，善于用人，有关赋税徭役之事，都会征询大家意见。教养长期寄居吴国之人，亲贤爱士，有封赏也不遗漏其怨恨仇视的人，处罚只施加于有罪之人。吴国的臣子都感恩怀德，抱着一颗忠义之心。现今吴国带甲百万，谷帛如山，稻田沃野，民无饥年，这就是所谓的金城汤池，强大的国家。"冯熙在面对曹丕的压力时毫不退缩、据理以答，为吴国撑起了颜面。

曹丕听到冯熙的回答后很不高兴，基于陈群与冯熙同郡，曹丕便让陈群以重利诱降冯熙，可见其对冯熙的才能和节义也是十分欣赏的，想让他留在魏国为自己效力。面对曹丕的重利诱惑，冯熙不为所动。曹丕便将冯熙送到摩陂，想要以艰苦条件折磨他，从而让他屈服。后来曹丕又招冯熙回京，路上冯熙怕受到逼迫辜负了使命，便举刀自刺，想要自杀。幸好被驾车的人发觉，没有死成。消息传到吴国，孙权听说了这件事，哭泣着说道："这和苏武有什么区别呢？"后来冯熙死在了曹魏。冯熙的宁死不屈体现了他作为使者的节义，以及不为利益所动的高风亮节，真正做到了不辱使命、无愧于国。

冯熙身为吴国使臣出使曹魏，在面对曹丕的威逼利诱时，他不为所屈，保全了国家颜面，最后宁死不降、引刀自刺，体现了他的忠义之心。孙权将冯熙比作西汉时留居匈奴19年的苏武，认为他的节义堪比苏武。所不同的是苏武最后返回了汉朝，而冯熙却死在了曹魏，再也没能返回吴国。虽然冯熙的知名度远比不上苏武，但他的节义与忠诚却足以与苏武相比，堪称是一位杰出而不辱国的外交使臣。这样的一位优秀使臣应当为后世所铭记。

高顺：未遇明主的忠义将才

三国是一个英雄辈出的乱世，在这个人人都渴望沙场建功的时代，文韬武略兼备的大将自然数不胜数，例如广为人知的关羽、张飞、赵云、张辽等都是这个时代出类拔萃的将军，他们武艺超群、忠心为国，因而成为流芳千古的名将。在这个名将云集的时代，高顺的知名度只能排在二流甚至是三流，很多人都对他感到陌生，但是他的军事才能及忠诚品性绝对不在一流武将之下，只是可惜他未遇明主、一生坎坷，终被淹没在历史长河中。那么高顺又是怎样的一个人呢？

高顺是吕布帐下的中郎将，跟随吕布征战四方，直属部下700余人，号称千人，军备严整。高顺每次率军攻打敌方，都能快速地攻陷敌方阵营，所以其率领的军队有"陷阵营"之美誉。

建安元年（196），吕布的部将郝萌在袁术的怂恿下发动叛乱，率军攻打吕布治所下邳。由于城池防守坚固，郝萌一时无法攻入。吕布不知道造反的人是谁，便带领家眷逃往高顺营寨。高顺问道："将军能听出造反者的口音是哪里的吗？"吕布回答："是河内人的声音。"高顺便猜到造反的是郝萌，于是率部到下邳平叛，恰逢郝萌的部将曹性反正，高顺乘势斩下郝萌的首级，平定了叛乱。

从这件事可以看出，高顺是非常勇猛善战的，且临阵决断，反应迅捷，颇具大将之风，而吕布在部下叛乱的危急关头选择逃往高顺营寨，这足以说明他是相信高顺的忠诚的，只是可惜吕布不能善用将才，最后难逃覆亡的命运。

先前，高顺常常规劝吕布说："凡家破国亡的人，不是因为没有明智且忠义的部下，而是这些人不被重用。将军做事情，不肯慎重考虑，时常出现失误，说话做事总是有差错。失误的事情难道可以一再发生吗？"高顺的劝谏可以说是一针见血，一语道出吕布的弱点，这也说明他的性情是非常刚正耿直的，敢于直言犯上。但是吕布却无法接受这太过直白刺耳的谏言，从而不理会高顺。尽管吕布认同高顺的才能，然而并不重用他。这说明吕布心胸狭窄，不能接受逆耳忠言，绝非明主英才，只能算作一介武夫，不足以成事。

郝萌谋反之后，吕布对高顺更加疏远。因为和魏续有亲戚关系，吕布还下令将高顺的兵权转给魏续，直到战时才由高顺统领。虽然受此对待，高顺却毫无怨言，仍默默为吕布尽忠。吕布对待高顺的做法实在让人寒心，他任人唯亲，赏罚不公，对待功臣良将也只有"利用"，无半点真心，长此以往又怎能聚拢人心呢？而高顺却非常冷静，始终无怨无悔，忠心不贰，可惜却未遇明主，难展大才。

建安二年（197），东海人萧建为琅邪相，在莒城保城自守。吕布写了封信恐吓，萧建在忧惧之下派遣主簿呈上书信和贡品给吕布。没想到之后萧建被臧霸击破，并被夺了物资。吕布得知后便打算亲率大军征伐臧霸，高顺又劝道："将军亲手斩杀董卓，威震戎狄，声名远扬，远近都害怕您，要什么东西不能得到，反而亲自去要财货？万一得不到，岂不有损威名？"但吕布不听。臧霸果然坚守城池使吕布不能攻克，最后无功而返。高顺此次的劝谏再次证明了他确实见识过人，智勇兼备，可惜吕布刚愎自用，不纳忠言，最终无功而返。

建安三年（198），吕布欲派人到河内郡买马，不料被刘备军抄掠。吕布于是派遣中郎将高顺、北地太守张辽攻打沛县，击败刘备。刘备节节败退，向曹操求援。曹操派夏侯惇援救刘备，也被高顺等人打败，夏侯惇在此战中失去一只眼睛。夏侯惇败退后，高顺等人继续攻打刘备。同年九月，高顺等人攻破沛城，击溃了刘备军，俘虏了刘备妻儿，刘备败投曹操。

高顺在此战中先后击败夏侯惇和刘备,充分展现了他的勇猛以及大将之才。刘备素有英雄之名,又累年征战,经验丰富,却被高顺击败,就连妻儿也被他俘虏;而夏侯惇乃是曹魏名将,能征善战,深得曹操信任和器重,同样也被高顺击败,甚至他的一只眼睛也是损失于此役,足见高顺之才不在夏侯惇之下。可是高顺在后世的名气却远不及夏侯惇,这主要是因为他生前不得其主,辅佐非人,可见选择合适的主公是一件非常重要的事情!

建安三年(198)九月,曹操率军东征吕布,吕布连续三次战败,于是便于下邳坚守不出。随后曹操的大军包围了下邳城,陈宫建议吕布"屯兵于外",自己"守城于内",以便形成掎角之势,互为照应。即由吕布亲自率领骑兵去截断曹操粮道,陈宫、高顺坚守下邳城。然而吕布因妻子的反对,犹豫不已,错失良机。十二月,侯成、宋宪、魏续等人背叛吕布,捉拿高顺、陈宫等人并率领部众投降曹操,吕布惨败投降。之后陈宫、高顺、吕布等人被押到曹操面前,高顺拒绝投降曹操而默然不语,于是吕布、陈宫、高顺先后被绞杀后枭首。

吕布在生死危难之时,只听妻子之言,不纳忠臣良将之语,最终兵败被杀也是咎由自取。只可惜高顺一代将才却被吕布连累，落得个身首异处的下场，实在让人惋惜。虽然吕布并不重用高顺，甚至对他十分苛刻，但高顺仍不愿意背叛他，在被俘后也不愿投降曹操，而是慷慨赴死，这样的节义真是远胜于其主吕布了，但也未免有点愚忠。

综观高顺的一生，可以说是短暂而坎坷的。论知名度他甚至比不上三国时期的三流将领，可是他却颇具大将之才，统兵有方，果敢勇猛，曾击败名将夏侯惇；他为人清正威严，重义守信，智勇兼备，见识过人；他辅佐吕布忠心耿耿，在面对不公待遇时仍尽忠职守，毫无怨言；他刚正不阿，敢于直言劝谏，即便被擒仍不愿背主投降，选择慷慨赴死。高顺堪称是未遇明主的忠义将才，可惜这样一位智勇兼备、品行端正的大将却被淹没于历史长河中，这不能不说是一件憾事。

刘封：勇猛刚强的悲情皇族

刘封在历史上不甚出名，只在《三国演义》中有少数露脸。其实说到底刘封原本并不是皇族，他出身荆州世家，是罗侯寇氏之子，长沙刘氏外甥，原名寇封。左将军刘备寄寓荆州时，因为没有子嗣，收其为养子，从此寇封便更名为刘封。可能有人会说，既然刘封只是刘备的养子，那他根本就不能算作皇族，因为他跟刘备并没有血缘关系。可是在古代非常重视宗法传承，过继的养子是受到律法承认的，一旦过继就如同亲生之子，并且享有全部继承权，这种事情在当时并不少见。刘封过继为刘备之子，身价提高不少，从此成为汉室皇族，他本应走上人生巅峰，可最后却落得惨死的结局，这又是怎么回事呢？

建安十六年（211），刘备受益州牧刘璋之邀入蜀，助其消灭割据汉中的张鲁，可是刘备并没有率军攻打张鲁，而是北驻葭萌，"厚树恩德，以收众心"。次年刘备与刘璋反目，便召诸葛亮、张飞等夹攻益州。刘封时年20余岁，有武艺，气力过人，跟随诸葛亮、张飞入蜀，为益州之战的胜利立下了汗马功劳。益州平定后，刘封因功被拜为副军中郎将。

建安二十四年（219），刘备命孟达北攻房陵，然后继续进攻上庸。但刘备对孟达不太放心，于是派遣刘封从汉水西下，节制孟达所部。上庸太守申耽、西城太守申仪投降，刘封以功拜副军将军。不久刘备称汉中王，并立长子刘禅为王太子。同年关羽北伐，围困樊城、襄阳，多次命令刘封、孟达发兵相助，二人以"山郡初附，未可动摇"为由拒绝，不承关羽之命。

在《三国演义》中，关羽在兵败之际请刘封、孟达发兵援助，而孟达以"关羽曾建言刘备不立刘封为嗣子"之事来撺掇刘封不发兵援助关羽，刘封听完孟达所言果然十分气愤，拒不出兵。当然这些都是小说家虚构的情节罢了。历史上，关羽是在北伐之时让刘封、孟达发兵相助，当时其并无失败之兆，因此刘封、孟达认为上庸三郡刚刚归附，局势不稳，不便发兵，此亦在情理之中，并非挟私报复。可是吕蒙偷袭荆州，关羽迅速覆败，在临沮被孙权擒获，献首曹操，刘备因此对刘封、孟达二人不满。

刘封本与孟达不和，又抢走了孟达的鼓吹（鼓吹在古代代表军队的统治权,是非常重要的,也就是说刘封抢走了孟达在军中的统治权)。孟达既害怕被刘备降罪,也不满刘封的欺凌,于是率所部四千人投降魏国。魏文帝曹丕非常喜爱孟达的才华和容貌,遂拜其为散骑常侍、建武将军,封平阳亭侯,命其与征南将军夏侯尚、右将军徐晃进攻上庸三郡,并将三郡合并为新城郡,以孟达领新城太守。

于是孟达写信给刘封劝降,信中提到"疏不间亲,新不加旧",认为刘封身份尴尬,他与汉中王刘备的关系,实际上不过是路人而已,论亲情并非亲生骨肉却身居权势之位,名义上不是君臣却担任很高的职位。孟达在信中又说"自立阿斗为太子以来,有识之人相为寒心",意思是如今刘禅被立为太子,刘封作为养子,其地位堪忧,随时都会有灾祸降临。孟达引用古人的事例,劝刘封采纳自己所言,必会有所作为,否则大祸不远。孟达还提到魏文帝曹丕虚心待下,以仁德怀柔远方,如果刘封归顺,不但能和其平起平坐,还能受到三百户的封赐,可以被封为罗侯。孟达真可谓是"反复无常"之人,不仅自己背叛了蜀汉,还要拉着刘封一起投敌,如此行事实非君子所为。

面对孟达的重利诱惑,刘封果断拒绝。如此看来刘封还是忠于蜀汉和养父刘备的,他品性刚正,不愿背叛蜀汉,也不愿违背原则。魏文帝曹丕派遣孟达、夏侯尚和徐晃共同袭击刘封，刘封虽坚决抵抗，但势单力孤，难以与魏军相抗，再加上此时西城太守申仪背叛刘封，最终刘封战败退回成都。上庸太守申耽随即投降魏军，蜀汉损失惨重。魏王封申耽为怀集将军，移居南阳；封申仪为魏兴太守、员乡侯，屯兵洵口。

刘封回到成都后，刘备指责他欺凌孟达，又不救关羽，但念及父子之情，本不想处死他。诸葛亮担心刘封刚正勇猛，日后刘禅难以驾驭，遂劝刘备除掉刘封。于是刘备赐死刘封。刘封临终之前感叹道："恨不用孟子度之言！"刘备非常伤心，为之流涕。

诸葛亮之所以劝刘备处死刘封，主要是为大局着想。刘封性格刚猛，为蜀汉政权屡立战功，又是刘备义子，拥有继承权，日后他难免会不服生性懦弱的刘禅，若他犯上作乱，刘禅必然不是其对手，到时蜀汉内乱，只会死伤更多的人，政权亦有倾覆之危。基于这些考量，诸葛亮为顾全大局，迫于无奈，只能建议刘备除去对蜀汉政权有潜在威胁的刘封。

刘封本寇氏之子，因认刘备做父故而更名刘封；他刚毅勇武，随刘备入川，屡立战功；他与孟达攻占东三郡，在关羽求助时以"山郡初附"为由不承其命，因而为刘备所恨；他与孟达不和，迫使其降魏；在面对重利诱惑时，他坚守原则，绝不叛蜀投敌，对蜀汉忠心耿耿。在他败还成都时，刘备指责他欺凌孟达和不救关羽，诸葛亮为保蜀汉政权长治久安，劝刘备将其处死。刘封既认刘备为父，便属皇族成员，他性格刚烈勇猛，又屡立战功，身居高位，前程不可限量，可最后却因其性格成为权力斗争的牺牲品，英年早逝，实在可惜。

罗宪：蜀汉最后的名将

罗宪的知名度虽然不高，也很少被关注，但他确实文武兼备、才能卓著，堪称蜀汉最后的名将。

罗宪（218—270）字令则，襄阳人。其父罗蒙，因避乱而逃到蜀地，官至广汉太守。罗宪年少时因才学而闻名，13岁时便能写文章。师从谯周，谯周的门人称他为子贡。子贡是孔子的得意弟子，博学多才，谯周的门人将罗宪与子贡相比，体现了罗宪的杰出才能。《三国志》的作者陈寿也是谯周的学生，因此罗宪与陈寿乃是同门师兄弟。罗宪个性正直严谨、光明磊落、轻财好施、不治产业、勤俭节约，有国士之风。

蜀汉延熙元年（238），后主刘禅立其子刘璿为太子，罗宪担任太子舍人，后历任太子庶子、尚书吏部郎，以宣信校尉出使吴国，被吴人称颂。景耀元年（258），陈祗病死，黄皓开始专政，众大臣多依附于他，独罗宪刚正不移，不为所屈。黄皓憎恨罗宪，便贬他为巴东太守，当时右大将军阎宇都督巴东，让罗宪担任领军，做其副将。

景耀六年（263），曹魏进攻蜀汉，阎宇奉命西还，留下两千人，令罗宪守卫永安城。不久听闻成都溃败，永安城内骚动，江边长吏皆弃城而走。罗宪将声称成都大乱的人斩首，城内人心方才安定，从而避免了内乱的发生。在得知刘禅降魏的消息后，罗宪率领军队在都亭痛哭三日。可见他对蜀汉政权忠心耿耿，眼见政权衰微、国家灭亡，其心中痛不可当，怎奈又兵微将寡、势单力孤，难以与魏抗衡，进退两难之际唯有痛哭以宣泄心中苦闷。

吴国听闻蜀汉败亡后，派遣盛曼、谢询水陆并进，向西而行。当时盛曼、谢询为罗宪说合纵之策，并要其开放永安通道，表面是求借城门一用，实际上孙吴是想夺取巴东。巴东乃为要冲，进则取得入蜀通道，退则守卫巴东以保护长江。罗宪看穿了吴军的诡谲伎俩，于是命参军杨宗对吴军骂道："永安城中的一撮土你们都别想得到，何况是城门呢！"

罗宪对吴国趁火打劫的卑劣行径十分气愤，说道："本朝倾覆，吴国是唇齿之邦，不抚恤我们的悲痛反而想从中取利，背盟违约。况且蜀汉已亡，吴国也坚持不了多久，我们决不当吴国的俘虏！"接着又对众将说："我们如今独处孤城，百姓没有朝廷可为之做主。现在吴国又来挑衅，我们只有拼死一战方能不负百姓。"于是罗宪趁夜出兵，击破盛曼，之后回城固守，整顿队伍，以忠孝节义激励将士们，永安士人皆愿为之效命。罗宪在面对吴国的背盟挑衅，没有惊慌失措，而是临危不乱、处变不惊、指挥得当，最终大破吴军，展现了他的忠贞节义，实乃智勇双全之良将。

曹魏咸熙元年（264），益州遭逢钟会之乱，钟会、姜维、邓艾皆死于乱军之中，众多城池没有归属，吴国遂有兼并蜀汉之意。当时巴东郡固守，吴军不能通过，于是吴主孙休派遣抚军将军步协领兵西征永安。罗宪在江边放箭阻拦吴军，未能阻止敌人，便派遣参军杨宗突围北上，向安东将军陈骞告急，又向晋王司马昭送去文武印绶及人质。步协攻打永安时，罗宪出城与之交战，大破步协军，展现了其杰出的军事才能。在面对大军压境之时，他镇定自若，胆识过人，凭借出色的才能大破敌军，以弱克强。

吴主孙休听闻步协战败后大怒，又派遣陆抗等率领 3 万大军增援，与盛曼、步协、征西将军留平共同围攻罗宪。陆抗是陆逊之子，乃东吴名将。当时蜀汉已经灭亡，罗宪并没有冒着生命危险守城的义务，但他对吴国背盟的做法非常痛恨，所以宁愿坚守孤城也不让吴军得逞。

罗宪坚守孤城六个多月，救援的军队不到，城中一大半人染上瘟疫，毫无战斗力，形势万分危急。这时有人劝罗宪出奔，方可保全。罗宪说道："作为人主，为百姓所依赖，危急关头不能保全他们时就抛弃他们，这不是君子做的事。我宁愿死于此。"罗宪此言说得大义凛然，充分体现了他心系百姓的仁爱精神，以及正直无私的高尚品格。陈骞将罗宪此言转告给晋王司马昭，司马昭遣荆州刺史胡烈救援罗宪，陆抗等人才引军退还，自此永安之围解除。

罗宪坚守一座孤城，外无救援内无粮草，城中又瘟疫蔓延，在此绝境之下居然能与东吴数万精锐周旋抗衡达六个月之久，这不能不说是个奇迹。当时，蜀汉政权已经灭亡，罗宪的孤城只有残兵两千余人，陆抗所率领的三万大军却迟迟攻不下这样一座孤城。罗宪始终意志坚定，尽忠职守，最终克敌制胜，这堪称历史上的军事奇迹。

此战过后，司马昭拜罗宪为凌江将军，封万年亭侯。此时恰逢东吴武陵郡的四县全部叛吴，司马昭又命罗宪为武陵太守、监巴东军事。西晋泰始元年（265），司马炎称帝后改封罗宪为西鄂县侯，任命罗宪之子罗袭为给事中。泰始三年（267），罗宪入朝，晋位冠军将军。司马炎赐予罗宪鼓吹，下诏说："罗宪忠烈果敢，才智谋略过人，可赐给他鼓吹。"

泰始四年（268），罗宪跟随司马炎在华林园侍宴，司马炎向他询问蜀汉大臣子弟的情况，又问其先辈中有无可用之人，罗宪推荐了蜀郡人常忌、杜轸、寿良，巴西人陈寿，南郡人高轨，南阳人吕雅、许国，江夏人费恭，琅邪人诸葛京，汝南人陈裕，司马炎召见并对他们加以任命。这些人都是蜀汉的良才，后来全部闻名于世。这体现了罗宪颇具识人之明。泰始六年（270），罗宪卒于任上，被追封为安南将军，谥曰烈侯。

罗宪为人轻财好施，大公无私；他少时便以才学知名，年十三能属文；他曾两次出使东吴，被吴人称颂；在黄皓专权时，他坚守原则，不依附权宦以求晋升；蜀汉灭亡后，他持身正气、恪尽职守，凭借出色的军事才能和过人的胆识坚守孤城六个多月，让名将陆抗束手无策，成就了以弱克强的军事奇迹；晋朝建立后，他深受司马炎信任和器重，封侯拜将；在司马炎询问蜀汉大臣子弟时，他举荐多位蜀汉英才，这些人后来皆闻名于世，足见他心胸宽广，且有识人之明。罗宪智勇双全、文武兼备，他品性高洁、多谋善断、临危不乱、胆识过人；他正直严谨、忠义仁德、勤政廉洁，有大将之风，若他早生几十年必定可以成为不亚于关羽、赵云的良将，而他也不会在后世寂寂无闻。罗宪真堪称是蜀汉最后的名将。

袁涣：遵礼守义的正义君子

在三国那样一个尔虞我诈的乱世，忠孝节义等诸多儒家美好品德都被时代所遗忘，更多的人看重的是权谋和机变，他们往往为了成功不择手段、不顾道义。可偏偏有这样一个人始终坚守原则、不做违礼之事，他就是魏国的袁涣。袁涣这个人的知名度很低，可能大部分人都没有听说过他，可他确实是遵礼守义的君子，甚至面对吕布的威胁也毫不退让、不为所屈。

袁涣字曜卿，出身官宦之家，为司徒袁滂之子。袁涣为人正直守礼，当时朝政腐败，诸公子大都逾越法度，可唯有出身名门的袁涣清净守节，举动必以礼，于是被郡守任命为功曹。郡中贪赃枉法的官吏闻讯后，都自动离去，可见袁涣中正的名声已经传扬开了，让贪官污吏都感到畏惧。刘备任豫州牧时，听说了袁涣的名声，便举荐他为茂才。后来，袁涣避难于江、淮之间，被袁术所任用。袁术每次向袁涣咨询问题时，袁涣总是正气凛然地论述自己的主张，袁术辩驳不过，但是仍然敬重他，对他以礼相待。袁术是一个非常傲慢的人，任何人他都不放在眼里，甚至还曾经说"术生年以来不闻天下有刘备"，以此来表达对刘备的蔑视。可就是这样一个傲慢的人却对袁涣十分尊敬，足见袁涣的正直公义！

不久，吕布率兵攻打袁术，袁涣随袁术一起迎战，战败后袁涣又被吕布扣留。吕布当初和刘备亲近，后来有了矛盾，吕布想让袁涣写信羞辱刘备，袁涣认为不能这样做，始终不从，吕布再三强迫，袁涣都不答应。吕布大怒，用刀剑来威胁袁涣说："做这件事就能活，不做这件事就得死。"袁涣毫不畏惧，脸色没有丝毫改变，态度依旧坚定。他笑着对吕布说："我听说用德行可以羞辱别人，没听说用辱骂来羞辱别人的。假使刘备是个君子，将不会以将军你的话为耻辱，假如他是个小人，将用你的话回复你，那么受辱的是你而不是他。再说我如果有一天侍奉刘将军，就像今天侍奉你一样，那时再来痛骂将军，这样做可以吗？"吕布听后感到惭愧而作罢。

建安三年（198），吕布被杀，袁涣转而跟随曹操。袁涣曾对曹操说："夫兵者，凶器也，不得已而用之。鼓之以道德，征之以仁义，兼抚其民而除其害。夫然，故可与之死而可与之生。"意思是说"兵器乃是凶器，万不得已才使用。

用高尚的品行来影响他人，用仁义的思想来感化他人，同时安抚那里的百姓，替他们扫除危害，这样百姓才可以和他们同生共死"。袁涣劝谏曹操应"以民为本"，用仁义去教化百姓，才能使天下归心，曹操很欣赏地采纳了他的建议。袁涣生逢乱世，却反对战争，主张以"仁义"立世，足见他品性纯正。

有一次曹操招募百姓去开垦荒地，百姓都不愿意，纷纷逃离。袁涣对曹操说："百姓安于乡土，不愿轻易迁移，千万不能突然让他们离开故土，顺着他们的意愿容易，违背他们的意愿困难，应该顺着他们的心意，愿意去垦荒的就让他们去，不愿意去的不应勉强。"曹操采纳了他的意见，百姓非常高兴。这件事体现了袁涣"以民为重"，时时为百姓着想，属实难得。

后来袁涣升任梁相，他为政重视教育引导，凡事总是思虑周全以后才行动，外表温和而内心果断。当时有传言说刘备已死，曹魏群臣都拍手庆贺，袁涣因为自己曾经被刘备举荐为吏，独不庆贺，体现了他坚守原则、重情重义。袁涣因病辞官后，深受百姓思念，后又被任命为谏议大夫、丞相军祭酒。袁涣为官清廉，家无所储，终不问产业，当时的人都很佩服他的清廉。

袁涣在职数年后去世，曹操为他的死而流泪，体现了曹操内心深处对儒家重礼守信君子的赞赏以及敬佩之情。魏文帝曹丕继位后,听说了袁涣过去抗拒吕布的事情,便问袁涣的堂弟袁敏:"袁涣在勇敢和怯懦方面是怎样的?"袁敏回答说:"袁涣貌似平和柔顺,但他在大节面前,处于危难当中时,即使是孟贲、夏育也比不过他。"袁敏此言说明袁涣虽外表柔顺,实则有大节,且临危不惧,乃是中正之士。

袁涣出身官宦之家,为人正直守礼,初入官场便崭露头角,让官场风气为之一新;辅佐袁术时始终以礼论述主张,让袁术非常敬佩;跟随吕布时,在面对吕布的威逼利诱时不为所动,坚守原则、不畏强权、毫不退让,并义正词严地将吕布说得惭愧不已;归顺曹操后,多次劝谏曹操"以民为本、以仁义治国",均被曹操采纳;他清廉节俭、关注民生,深受百姓爱戴;在他去世后,曹操为之流泪,堂弟袁敏评价他有大节,认为古之孟贲、夏育也比不过他。袁涣真可谓是遵礼守义的正义君子。

张昭：性格倔强的东吴老臣

一说起张昭，大家一定不会觉得陌生，但大多数人对他的印象并不好，这主要是因为在赤壁之战时他曾劝说孙权投降曹操，因此很多人都片面地认为他是个贪生怕死的佞臣。可事实果真如此吗？恐怕不尽如是。其实张昭身为东吴老臣有颇多建树，为孙氏政权立下了汗马功劳和不朽功勋，而且性格倔强、刚正不阿，这又是鲜为人知的了。

张昭（156—236）字子布，徐州彭城（今江苏徐州）人，年少时便好学，擅长隶书。当时中原动乱，张昭随其他难民逃到江南，受到孙策的重用，官拜长史和抚军中郎将。孙策对张昭极为礼遇，曾与张昭一道登堂拜见张昭的母亲，像同辈的密友一样。孙策几乎所有重要的事务都由张昭经手，他为孙策平定江东做出了很大贡献，因而深受士大夫的敬重。张昭却担心功高盖主，整日忧心忡忡。

孙策得知后，潇洒地说道："当年管仲为齐国国相，齐桓公开口仲父、闭口仲父,而他则称霸诸侯为天下所尊崇。如今子布贤明,我能重用,他的功名难道不为我所有吗?"这足可看出张昭在孙策心中的地位如同管仲在齐桓公心中的地位一样重要,而孙策豁达的心胸以及用人不疑的性格特点更为人所推崇。

建安五年(200),孙策遇刺重伤,临终前将弟弟孙权托付给张昭。他嘱咐张昭说:"若仲谋不任事者,君便自取之。正复不克捷,缓步西归,亦无所虑。"意思是说如果孙权不能成事,你就取而代之。可以说孙策的托孤与后来刘备托孤的情形十分相似,孙策和刘备在托孤时国家都处在内忧外患、风雨飘摇之时,根基不稳,而继承人孙权和刘禅在继位时均为少年(孙权18岁,刘禅17岁),资历不足,因此他们在临终前都各自选定了一位德高望重的大臣来辅佐幼君,而托孤的内容则是时势所迫的无奈之举了。

孙策去世后,东吴局势动荡、人心不稳,众人又以孙权年少而轻视他。当时孙权非常悲伤,不停地哭泣,张昭劝他说:"作为继承人,重要的是能继承先辈的遗业,使它昌大兴隆,以建立伟大的功业。如今天下动荡不安,盗贼占山蜂起,孝廉您怎么能卧床哀伤,与常人那样去放纵个人的感情呢?"于是他扶孙权上马,列兵而出,然后众人才臣服了孙权。

在东吴政权交接的关键时刻，张昭鼎力相助，扶持孙权，这才使得年轻的孙权坐稳江东之主的位子。东吴内部政权稳定，这都是张昭的功劳。孙权每次出征，都留张昭镇守后方，总领府署的事务。同时因为张昭是旧臣，孙权对他格外厚待，任命他为长史。从这可以看出张昭在东吴所扮演的角色就犹如诸葛亮在蜀汉的角色一样，都是总镇后方。

建安十三年（208），赤壁之战爆发前夕，曹操一举平定荆州，志得意满，欲率得胜之师吞并江南，一统天下。江东众人闻此消息无不惊慌失措。张昭等人认为曹操以朝廷的名义发布命令，如果抗拒则有抗旨之嫌，再加上双方势力的众寡又不能相提并论，所以力主迎接曹操，投降朝廷。

但在主战的周瑜、鲁肃等人的劝说下，孙权与刘备联合，以寡敌众，反倒击退了曹操大军，取得了赤壁之战的胜利。正是由于张昭在赤壁之战中力主投降曹操，从而被后世认为他是一个贪生怕死的小人。可若是仅仅因为张昭一时的不察和失误，就将其一生全盘否定，也是有失公允的，毕竟他的功劳还是大于过错的。

张昭为人刚正不阿，经常直谏犯上，让孙权颇为忌惮和畏惧。有几件事情可以证明：孙权打猎时，经常骑马射虎，老虎则常常往前扑到马鞍上。从这件事情可以看出孙权的性格与他的父兄相似，并非文弱之人，而他能够和老虎搏斗也说明他精通武艺，臂力过人，只不过这样的做法常将自己置于危险境地。

张昭因此劝谏道："为人君者，应该能驾驭英雄，驱使群贤，岂能驰逐于原野，骁勇于猛兽？如果一旦有个好歹，不怕被天下耻笑吗？"孙权向张昭道歉道："我年纪轻，做事考虑欠周详，真是有愧于您！"但孙权仍然不能控制自己，于是做射虎车，车上不设盖，由一人驾驶，自己在里面射兽。每有脱群的野兽扑向孙权的车，他都亲手与之搏斗以此为乐。尽管张昭苦谏，孙权却常笑而不答，可见他对待张昭的直谏总是敷衍而不以为然，态度虽无限好，却总是一如既往，无丝毫改变。

还有一次，孙权在钓台饮酒大醉，让人用水洒向群臣说："今日酣饮，只有醉后落入水中，才能停止。"张昭正色不言，外出坐于车中。孙权遣人叫张昭回来，对他说："大家一起高兴，您又何必发怒呢？"张昭回答说："以前纣王做酒池肉林一夜宴饮，当时也以为只是高兴而已，不认为有什么不对。"孙权默然而感到惭愧，于是罢酒。可见张昭确实刚正不阿，敢于犯颜直谏，让孙权对他颇为畏惧。

然而，当孙权设立丞相时，很多人提名由张昭来担任，孙权却推托说："现在事多，丞相责任很重，这不是优崇他的举措。"于是任命孙邵为丞相。孙邵这个人的历史记载很少,《三国志》中也没有他的传,想必不是什么厉害人物,可是孙权却宁愿任命无名的孙邵为丞相,也不愿意任命张昭,足见其对张昭的忌惮。孙邵去世后,大家又提出让张昭担任丞相,孙权这才说出一部分的真实原因:"孤怎么是对子布吝啬呢,只是考虑到丞相的事务繁杂,而他性情刚烈,他的话要是没有被听从采纳,他就会产生怨愤诘难,这对他并无益处。"于是任命顾雍为丞相。

孙权几次不用张昭为相,除了因为张昭性格刚烈外,还有一部分原因是他对张昭十分畏惧,若张昭为相,则自己会受到管束,就更加不敢任意妄为了。东吴黄龙元年(229),孙权称帝,大会百官,归功于周瑜。张昭举杯想要褒赞孙权功德,但还没开口,孙权就说:"如果听从张公您的话,我现在已经要乞食了。"张昭非常惭愧,伏在地上流汗。通过此事可以看出孙权其实一直对张昭当初的劝降耿耿于怀,即便已为九五之尊仍旧不能释怀此事,他不愿意让张昭任相,也就不足为奇了。

东吴嘉禾元年(232)十月,曹魏辽东太守公孙渊在辽东反叛,并向东吴称臣以为外应。张昭劝谏道:"公孙渊背叛魏国而惧怕被征讨,所以才远来求援,这不是他的本意。如果公孙渊改变意图,想要自我表白于魏,那两位使者就回不来了,这难道不会让天下取笑吗?"

孙权与其反复争辩，张昭劝谏之意越来越恳切。孙权不能忍受，抓着刀愤怒地说："吴国的士人入宫就拜我，出宫则拜您，我对您的敬重，已经到了极点，但您数次在众人面前羞辱我，我害怕自己失手伤害您。"张昭注视孙权良久，方才说道："臣虽然知道自己的话不会被听从，但每次依旧竭尽愚忠，是因为太后临终的时候，呼唤老臣在床前，遗诏顾命的话如今还在耳旁啊！"说完涕泣横流。孙权也掷刀于地，与张昭相对而泣。孙权哭泣归哭泣，但丝毫没有影响自己的决定，他还是遣使前往辽东。张昭愤恨自己的话不被采纳，于是退居不朝，孙权在盛怒之下，命令用土封住张昭的家门，表示他可以永远不必出门了。张昭也用土从门内将门堵住，以表示他也永远不打算出门了。

结果公孙渊出卖东吴，杀了孙权派到辽东去的使者张弥和许晏。这时孙权才感到后悔，数次派人请张昭上朝而无果，但又不愿道歉示弱，于是下令用火烧张昭的家门，以此逼他出门。但这种方法也没吓倒张昭，他还是拒不出来，孙权只好又下令将火扑灭。最后孙权在张昭家门前久站不去，张昭的儿子实在看不下去，认为父亲做得太过分了，于是搀扶张昭出门与孙权和解。这几件事情都体现了张昭倔强刚正的性格，以及宁折不弯的脾气。东吴嘉禾五年（236）三月，张昭去世，享年81岁。

综观张昭的一生，真是将"刚正不阿"四个字发挥到了极致！他年少成名，博学多才，能力出众；孙策将他比为齐国管仲，临终托孤；孙权少年继位，政局不稳，幸赖他鼎力扶持，安定百姓，孙权对他尊敬有加；赤壁之战时他力主降曹，从而开罪孙权，这件事也成为他一生都洗刷不掉的污点；到了晚年，他愈发倔强固执，常常犯颜直谏，言辞激烈，毫不留情，让孙权颇为忌惮，真可谓是老而弥辣的典型！

总的来说，张昭对孙氏政权忠心耿耿，竭力辅佐两朝，备受信任。他虽然曾有过错，但就其一生的功绩而言还是功大于过的，不能因为个别过错就将他全盘否定，至少他"不惧权威、刚正不阿"的性格就是绝大多数人所做不到的，单这一点就足以让人钦佩。这就是历史上的张昭——东吴的倔强老臣！

第三篇 情傲篇

DI - SAN PIAN
QING'AO PIAN

陈祗：被忽视的蜀汉权奸

说起陈祗，可能很多人都没听过。诚然，在英雄辈出的三国乱世，他确实是一个容易被人忽视的人物，但就是这样一个不为人知的人却直接加速了蜀汉的灭亡，对三国的历史发展走向起到了一定的作用。

陈祗（？—258）字奉宗，是许靖兄长的外孙，汝南人。许靖年轻时就与堂弟许邵一同成名，而且都有喜好品评人物的声名。刘备入蜀后许靖得到厚待，被拜为太傅，这是因为他是当时天下闻名的名士，正如法正所言："靖人望，不可失也。"陈祗从小就是个孤儿，在许靖家长大，可想而知他从小就受到了良好的教育和文化的熏陶，弱冠之年就已经知名于世，这点倒是与许靖颇为相似。据《三国志》记载："陈祗矜厉有威荣，多技艺，挟数术。"可见陈祗是一个很有才干且多才多艺的人，如果他用心朝政未尝不能光大蜀汉，只是他的才能却并没有用在正途上，未免有点可惜了。

由于陈祗才能突出，多才多艺，深受大将军费祎的看重。董允去世之后，费祎越级提拔陈祗代替董允为侍中，在吕乂（yì）死后，陈祗又以侍中守尚书令，加镇军将军，足见费祎对他的欣赏和重用。可以说陈祗是被费祎破格提拔才得以参与朝政，最后才有机会干政乱国的。蜀汉延熙十六年（253），费祎遇刺身亡。费祎去世之后，姜维掌握军权开始大举伐魏。大将军姜维虽然班位在陈祗之上，却常常领兵在外，很少参与朝政，因此陈祗得以上承主旨，下接阉竖，深为刘禅所宠爱，权势重于姜维。

陈祗在担任侍中时就与宦官黄皓互为表里，狼狈为奸。蜀汉景耀元年（258）陈祗去世，不久，黄皓从黄门令升为中常侍、奉车都尉，操弄威柄，败坏朝纲，最后导致了蜀汉的覆败，因此蜀人没有不追思董允的。董允性情耿直，在世时常"上则正色匡主，下则数责于皓，皓畏允，不敢为非。终允之世，皓位不过黄门丞"。董允去世之后陈祗和黄皓干政乱国，而蜀汉无人能够匡矫，以致朝政日非，国力日衰，最终导致国家覆灭。

提起蜀汉的灭亡，大部分人都会将原因归咎于刘禅昏庸、黄皓干政、人才匮乏，等等，可是却忽视了陈祗在其中所扮演的重要角色，如果没有陈祗的纵容和默许，黄皓根本没有机会接触朝政，更不可能干政，所以蜀汉最后的覆败根源其实是陈祗。可是陈祗又是一个被人忽视的奸臣，而后主刘禅则对他十分宠信，甚至自从陈祗得宠以后，刘禅就追怨董允日深，他忠奸不辨，误把陈祗当成忠臣，而对真正忠贞耿直的董允却心怀不满。

陈祗之所以会深受大将军费祎的器重，以及后主刘禅的宠信，主要是因为他善于揣摩上级的心思，懂得逢迎上级，让大家以为他是一个十分忠诚的人。试想刘禅虽然平庸，但也是一代君王，费祎更是蜀汉不可多得的人才，可是二人都被陈祗所误导，错将他看作是公忠体国之人，可见陈祗是何等善于伪装。他表面一副忠贞的样子，实际上却和黄皓狼狈为奸，败坏朝政。

陈祗少年失怙，多才多艺，弱冠成名，年轻有为，步入仕途后深受后主信赖、费祎赏识，官位不断高升，掌权后则与黄皓狼狈为奸，败坏朝政，黄皓得以干政，蜀汉政权逐渐走向衰败，与陈祗脱不了干系。陈祗的一生虽没有经历过大风大雨，在蜀汉却也是一位举足轻重的人物，但就是这样一个人物却常常被人忽视，知道他的人并不多；他虽然谈不上作恶多端，却是一个十足的权奸！总的来说，陈祗堪称是一个大奸似忠、大伪似真的人，同时他也是一个不为人所知的蜀汉宵小！

浩周：错信孙权，误我前程

三国是一个尔虞我诈、英雄辈出的乱世，正所谓乱世出英雄，英雄亦适时也。在这个英雄浩如烟海的时代，很多小人物也对历史进程起到了一定作用，有些甚至影响了历史走向，浩周就是这样的一个小人物。如果用电视连续剧的主角光环来衡量，那么浩周绝对要排到男 N 号，他连三线人物都算不上，历史记载少得可怜，顶多只能算是一个跑龙套的人物，可就是这样一个小人物却直接影响了曹丕的决定，进而影响到历史的发展，这又是怎么回事呢？

浩周字孔异，并州上党人（今山西长治北），他在建安中期就已经担任了萧令，后来官至徐州刺史。不过他在任职期间没留下什么记载，应该是没有突出的表现。建安二十四年（219），镇守荆州的关羽发动襄樊之战，曹操派遣于禁率军支援驻守襄樊的曹仁，浩周便随于禁一起出征。此战关羽获得大胜，威震华夏，浩周随于禁一同被擒。在孙权拿下荆州后，于禁、浩周、东里衮等人也一并落到了孙权手里。孙权对浩周等人待之以礼，在曹丕即位时孙权就将他与于禁、东里衮等人一并送还魏国，以此来表示友好。

孙权在写给曹丕的信笺中特意提及自己将浩周、东里衮送还的事，光是《魏略》中就记载了此次孙权所写的三封信，主要是向魏国示弱示好。信中两度提及浩周，言明浩周能为自己做证，也不枉这段时间的以礼相待。东里衮是于禁军的司马，他和浩周一起陷于东吴，也一起被归还魏国，一起被曹丕召见，但是他们对于孙权的看法却并不相同，浩周坚定认为孙权一定会臣服，而东里衮认为这事并不一定。曹丕对于浩周的看法很欣赏，认为他是个有识之士。据《魏略》记载："帝问周等，周以为权必臣服，而东里衮谓其不可必服。帝悦周言，以为有以知之。"

通过浩周和东里衮两人对待孙权是否会臣服一事的态度，可以看出浩周对孙权是百分之百的信任，也不知道孙权这段时间给他灌了什么迷魂汤，使其丧失了基本的判断能力，可是曹丕却对浩周的话深信不疑，认为他是个有识之士，从而减轻了对孙权的提防之心。可以说浩周是直接影响到了曹丕判断和决定的关键人，让历史的天平向孙权倾斜。

曹丕篡汉后，他又让浩周与使者一起出使吴国，加封孙权为吴王。浩周在孙权的宴会上还信誓旦旦地保证："陛下不相信您会派遣质子到魏国,我愿意以阖家百口的性命做保。"孙权的反应也很热切,"你愿意用全家百口来保我,我该说什么好呢,唯有泪流满面"。在送别浩周的时候,孙权又指天为誓,保证自己一定会送质子。《魏略》记载:"权因字谓周曰:'浩孔异,卿乃以举家百口保我,我当何言邪?'遂流涕沾襟。及与周别,又指天为誓。"

孙权在这里的表演堪称精彩绝伦,他成功地用自己的泪水获得了浩周的无限信任,甚至甘用阖家百口的性命来为孙权担保。孙权听到浩周的话后表现出非同一般的热情,感动得痛哭流涕,甚至连衣服都被泪水浸湿。从这个方面来看孙权不愧是一个老戏骨,而且是极其敬业的演员。

可是,浩周返回洛阳后,孙权的儿子却没有来,随之而来的只是孙权的使者,以及无法送质子的理由,因此曹丕一怒之下扣留了吴国的使者。孙权在写信给曹丕致歉的时候也给浩周写了一封信,还是在以各种理由解释孙登为什么来不了魏国。曹丕派辛毗、桓阶前往吴国跟孙权盟誓,催促人质上道,孙权推辞,不肯接受。曹丕这才发现他上了孙权的当,大为愤怒,于是出兵讨伐东吴。

此时的孙权因为扬越(今江西及浙江)一带蛮夷还没有完全被征服,有心腹之忧,于是谦卑地上书曹丕,请求准许他改过自新,说:"如果我的罪行不蒙赦免,一定不容许我存在，我当呈献国土人民，投奔交州，直到老死。"《三国志》记载："若罪再难除，必不见置，当奉还土地民人，乞寄命交州，以终余年。"曹丕报书说："我跟阁下大义已定，岂愿劳师动众，远临长江、汉水？孙登早晨上道，我晚上便召回大军。"孙权拒绝，谈判破裂。孙权遂改年号为黄武，沿长江布防。此举就是明确表示不奉正朔，不再使用曹魏帝国的年号。在年号制度之下，这就是独立宣言，三国鼎立局面正式形成。

单纯的浩周就这样被孙权给坑了，他也不想想父子之情与朋友之义孰轻孰重，况且他和孙权根本算不上朋友，孙权又怎么可能会为了这样一个不算朋友的"熟人"的所谓承诺而置亲生儿子的安危于不顾呢？孙权背信弃义使用诡谲之谋欺骗了浩周，可以说这直接影响到了历史的走向，试想如果浩周没有被孙权洗脑，曹丕就不会轻信孙权，或许就会提早发兵伐吴，那么孙权面对魏、蜀两国夹攻，肯定无法独善其身，甚至还会亡国，可是因为浩周的识人不明让孙权获得了喘息之机，最后得以建国称帝。

浩周在三国乱世是一个标准的小人物，关于他的记载特别少，唯一有记载的事情就是他错信孙权，这件事情对历史的发展有着非比寻常的意义，因此他的名字才得以留在史书上，可他却是以"识人不明"这四个字而出名。没错，浩周由于识人不明错信孙权，从而误导了曹丕，直接改变了历史走向。看来有的时候小人物也是不能忽视的，很多小人物在历史长河中往往能够起到关键性的作用，这也是历史有趣的地方。

孟达：反复无常的蜀汉叛将

三国时期固然有很多忠义无双的文臣武将为后世所推崇，但同时也出现了很多反复无常的叛将，最典型的就是吕布了。《三国演义》中称吕布为"三姓家奴"，历代史学家也多以"见利忘义，轻狡反复"来评价他。本篇所说的孟达也是个首鼠两端、反复无常的小人。

孟达（？—228）字子度。他自幼精明强悍、有胆有识、精通文史。孟达并不似《三国演义》中所描写的那样无能，而是才能卓著的人才。建安初年，天下饥荒，孟达与法正一起入蜀地依附益州牧刘璋。建安十六年（211），刘备入蜀时，刘璋派遣孟达和法正去迎接，刘备令孟达驻守江陵。建安十九年（214），刘备攻占益州，刘璋投降，至此结束了历时三年的益州争夺战。蜀地平定后，孟达被任命为宜都太守。建安二十四年（219），刘备命孟达从秭归北攻房陵，房陵太守蒯祺为孟达兵所害。

蒯祺是谁呢？这里有必要提一下。蒯祺出身于荆襄大族蒯家，他本人虽然没有名气，能力也不是特别出众，但他有一个非常厉害的小舅子，那就是诸葛亮，蒯祺乃诸葛亮的大姐夫。诸葛亮自幼失去父母，和两个姐姐与幼弟相依为命，感情很深。大姐嫁给蒯祺之后，蒯祺在魏国出任房陵太守。可是在孟达攻占房陵时，却将蒯祺杀害。至于诸葛亮的大姐下落如何，史书并无记载，可猜测之下无外乎两种结局，一是与蒯祺一同遇害，二是独自抚养孩子长大，终身孤寂。无论是哪一种结局都甚是悲凉，因此诸葛亮和孟达是有着私仇的。当时身为军师将军的诸葛亮并未对此表态，但他的内心一定是痛苦的，为了国家他只能放弃私怨，顾全大局，这种大公无私的精神让人敬佩。

房陵被攻下后，孟达继续进攻上庸。刘备担心孟达难以独担重任，于是命刘封自汉中沿沔水而下统领孟达的军队，与孟达会师于上庸。这件事颇为诡异，孟达攻占房陵后，兵势正盛，以得胜之师怎会攻不下一个小小的上庸。《三国志》的原文是"先主阴恐达难独任"，也就是说刘备对孟达其实并不完全信任，所以派了自己的义子前去统领孟达的军队。上庸太守申耽举众投降，遣妻子及宗族到成都拜见刘备。

自从关羽北伐，围樊城、襄阳，连呼刘封、孟达，令发兵相助。刘封、孟达二人以"山郡初附，未可动摇"相推辞,不承关羽之命。《三国演义》中说关羽在兵败之时写信让刘封、孟达发兵救援,可是孟达却怂恿刘封拒不发兵,导致关羽败亡。其实事实并非如此,关羽是在兵势强劲之时让刘封、孟达发兵相助,帮自己攻克樊城。当时关羽胜利在望,而上庸等郡刚刚归附,人心不稳,用兵之处甚多,没有额外的兵力,所以刘封、孟达二人拒不出兵也在情理之中。不料,战局很快急转直下,东吴吕蒙偷袭荆州,关羽腹背受敌,兵败身亡。

关羽败亡后,刘备恨刘封、孟达不发兵相助。刘封又与孟达纷争不和,孟达既畏惧被治罪,又常受到刘封侵凌,于是表辞刘备,率部众投降曹魏。孟达在表中解释了自己降魏的迫不得已,说道:"臣诚小人,不能始终,知而为之,敢谓非罪。"魏文帝曹丕喜爱孟达的姿才容貌,任命他为散骑常侍、建武将军,封平阳亭侯,并合房陵、上庸、西城三郡为新城郡,命孟达领新城太守,委以西南重任。可以说终曹丕一朝,孟达极受宠信,地位稳固。孟达的降魏,导致蜀汉东三郡丢失,这给蜀汉带来了重大损失,此时孟达和诸葛亮之间不仅有私怨,还存在国恨。

孟达在魏国与桓阶和夏侯尚亲善。曹魏黄初七年(226),曹丕去世,孟达失去了依靠,而当时桓阶和夏侯尚也已去世,孟达心不自安。在诸葛亮的写信引诱下,孟达企图复归蜀汉。孟达此人还真是反复无常,见曹丕去世,自己地位不保,于是又想回归蜀汉,如此反复,必定难以长久。诸葛亮虽与孟达有国仇私恨,但此时他还是以国事为重,不计旧怨,欲招孟达回归蜀汉,引为外援,体现了他的正直品性与坦荡胸怀。

说到这里,还有一个插曲。蜀汉建兴三年(225),诸葛亮南征,归至汉阳县,有降人李鸿来见他,当时蒋琬与费诗皆在座。李鸿说:"'闲过孟达许,适见王冲从南来,言往者达之去就,明公切齿,欲诛达妻子,赖先主不听耳。'孟达说:'诸葛亮见顾有本末,终不尔也。'尽不信冲言,委仰明公,无复已已。"意思是说,王冲曾给李鸿说:孟达当时背叛蜀汉,诸葛亮常切齿,甚至想要诛杀孟达妻子,所幸刘备并未听从。可孟达认为:诸葛亮是正人君子,坚守原则,绝不会这样做,并不相信王冲所言。

事实证明孟达所料不差,诸葛亮虽对孟达有"切齿"之恨,但还是善待孟达家人,待之如初。诸葛亮听到李鸿所言,便给蒋琬和费诗说:"还都当有书与子度相闻。"费诗说:"孟达小子,昔事振威不忠,后又背叛先主,反复之人,何足与书邪!"诸葛亮默然不答。从费诗一针见血的话中可以看出孟达"反复无常"的性格。

建兴六年(228),诸葛亮发动了首次北伐曹魏的战争,南安、天水、安定三郡响应,关中震动,孟达欲叛魏归蜀。然而因孟达与魏兴太守申仪有隙,申仪将孟达归蜀的计划泄露,司马懿写信安抚孟达,暗中则遣军进讨。孟达认为司马懿率军征讨,至少需要30日方能抵达,可是司马懿昼夜行军1200里,仅8日就抵达城下,完全打乱了孟达的部署。司马懿包围上庸城16天,孟达外甥邓贤、部将李辅开城投降,司马懿因而斩杀孟达,传首京师,孟达落得个身首异处的悲惨结局。

  孟达仪表堂堂、才能出众,早年出仕刘璋,寂寂无闻,在刘备入蜀后归顺刘备,并攻下战略要地东三郡;他因不援助关羽,担忧罪责而投降魏国;他降魏后深得曹丕信任,被委以东南重任,地位稳固;在曹丕去世后,他心不自安,欲叛魏归蜀,最后被司马懿所杀。孟达本才貌双全,能言善辩,若能忠贞事主,必能功成名就,流芳于世,可他却反复无常,一生三次背叛,最后落得身首异处的下场也是咎由自取。

彭羕之死：祸从口出的印证

彭羕在三国时期确实是一个才能出众的人，但他性情高傲，轻视他人，最后更是因祸从口出而丧命。这又是怎么回事呢？

彭羕（184—220）字永年，广汉人。身长八尺，容貌甚伟。但他生性高傲，对人大多轻视不睬，唯独敬重同乡好友秦子敕，并将他举荐给太守许靖，说："若明府能招致此人，必有忠谠落落之誉，丰功厚利，建功立勋，然后纪功于王府，飞声于来世，不亦美哉！"从彭羕此言可以看出他对秦子敕的看重和欣赏。秦子敕就是秦宓，其学识丰富、见解过人，后来成为蜀汉著名学者。

彭羕起先在益州牧刘璋手下做官，不过是书佐类的小官，有点大材小用。后来又被众人毁谤，刘璋就将他施以"髡钳"之刑，并贬为奴隶。"髡钳"是古代的一种刑法，意为"剃去头发，用铁圈束颈"。此时正逢刘备入蜀，沿江北上，彭羕想要结交刘备，于是前往会见刘备的谋士庞统。庞统与彭羕并无旧交，又正好赶上有客在座，彭羕径直到庞统的榻上躺下，对庞统说："须客罢当与卿善谈。"意思是说"等你会客结束我再跟你好好聊聊"。彭羕的做法体现了他性格的随性，以及不拘小节，却有别于文人身上所应具备的礼仪与谦虚等特点。

庞统会客完毕，坐到彭羕跟前，彭羕又要庞统跟他一起吃完东西，然后才和他谈话，于是留宿在庞统那里，次日又谈了一天。庞统对彭羕的才华十分赏识，甚为欢悦。而法正以前就很了解彭羕，于是与庞统一道向刘备推荐彭羕。庞统和法正都是深受刘备信任的智谋之士，两人都很欣赏彭羕，可见彭羕确实才能出众，不同凡响。刘备也认为彭羕非平常人，多次让他传达军令行动，指导教授诸将。彭羕的工作很合刘备心意，刘备对他的赏识和待遇日益加厚。

建安十九年（214），刘备平定成都，提拔彭羕为治中从事。彭羕徒手起家，权力在州人之上，行为举止便十分嚣张，沾沾自喜于自己地位的日益升迁。从这可以看出彭羕性格的缺点，一朝得势便十分高傲，目中无人，不可一世，俨然一副小人得志的嘴脸，如此作为必定不能长久。

诸葛亮虽然表面上对彭羕热情接待，但内心并不喜欢他。诸葛亮屡次向刘备进言："彭羕心大志广，难可保安。"

刘备既敬重信任诸葛亮,再加上自己观察彭羕的所作所为,于是对其稍加疏远,调任他为江阳太守。诸葛亮果然具有识人之明,料到彭羕"难可保安",后来事实的发展也证明他所料不差。诸葛亮之所以不喜欢彭羕,是因为他用人以德为先,这与曹操颇为不同。例如诸葛亮所看重的蒋琬、费祎、董允、邓芝、姜维等都是德才兼备的贤才,而彭羕固然有才,但德行有亏,张扬过甚,因此为诸葛亮所不喜,这与诸葛亮的君子作风和选才标准有关。

彭羕听说要调他外出任职,心里很不高兴,于是便去会见马超。马超对彭羕说:"你的才干超群拔萃,主公对你很器重,说你可与诸葛亮、法正等人并驾齐驱,怎么会让你外任小郡,使人失望呢?"彭羕听后愤愤不平地骂道:"老革荒悖,可复道邪!"在古代以革为兵,故语称兵革,革犹兵也,彭羕此言是在骂刘备为老兵。他接着又给马超说:"您领兵在外,我为内应,何愁不得天下。"彭羕口无遮拦、出言不逊,如此德行又怎能长居高位呢?此乃自取其祸也。

马超羁旅归国、寄人篱下,归顺刘备后内心常怀危惧,行事如履薄冰,总担心不被刘备信任,这也是他自从归顺刘备后就再也没有立功的原因。相较于早期的勇武善战,晚年的他寂寂无闻、谨小慎微,再也没有了往日的风采。马超去世前还给刘备写了一封信,信中将从弟马岱托付给刘备,以为微宗血事之继,言辞恭谨,态度谦卑。因此马超在听到彭羕说出这种话后大惊失色,默不作声。彭羕走后,马超担心祸及自身,便将彭羕之言密告刘备,于是彭羕被拘捕。

彭羕在狱中写信给诸葛亮,语气极为谦卑,将刘备比作"慈父",还盛赞诸葛亮乃"当世伊吕",彭羕解释自己所说"内外之言"的真实含义是"欲使孟起立功北州,勠力主公,共讨曹操耳",并没有非分之想,希望诸葛亮能明察自己的本心。诸葛亮看到彭羕的信后,不作回应。彭羕最终被处死,时年37岁。诸葛亮顾全大局,为确保蜀汉政权的长治久安,所以必须要处死彭羕这种对政权构成威胁的人,这也是万全之计。

彭羕长相英俊,性情高傲,才能过人,得到庞统和法正的赞赏;他办事能力出众,深受刘备赏识,但一朝得势便行色嚣张,目中无人;他被调为江阳太守,心怀不满,怨天尤人,辱骂刘备,甚至说出悖逆之言,因而被处死。彭羕才能出众,若能谦虚低调、处事谨慎,不恃才傲物、口无遮拦,也一定会在蜀汉大有作为,前途不可限量。可惜彭羕有着性格缺点,有才无德,让诸葛亮深感不安,他最后惨死的结局正是"祸从口出"这四个字的印证。

于禁：晚节不保的屈膝降将

于禁是三国时期的著名将领，也是魏国的"五子良将"之一。他本是智勇双全的名将，却晚节不保，落得个凄凉惨死的结局。这又是怎么回事呢？

于禁（？—221）字文则，泰山钜平人。黄巾起义爆发时，于禁由鲍信所招募，参与讨伐黄巾军。东汉初平三年（192），鲍信迎曹操领兖州牧，于禁与其亲信都被封为都伯，隶属将军王朗。王朗对于禁的才能感到惊异，于是推荐他任大将军。曹操遂召见于禁并与他谈话，拜其为军司马。初平四年（193），曹操让于禁统兵到徐州，攻打广威，攻克广威后，封他为陷陈都尉。

曹操讨伐吕布时，于禁率兵攻破吕布的两座营寨。吕布是众所周知的猛将，素有"人中吕布，马中赤兔"之赞誉，虽然《三国演义》的描述有夸大吕布战力之嫌，但历史上的吕布确实以勇猛著称，号为飞将。而于禁可以攻破吕布营寨，说明他也相当勇猛，乃一员虎将。建安元年（196），于禁随曹操讨伐黄巾军，大破之，迫使黄巾军投降，立下大功，升迁为平虏校尉。

建安二年（197），于禁随曹操至宛城，讨伐张绣，张绣投降。可是张绣旋即复叛，突然袭击曹操阵营，曹军大败。宛城之战堪称曹操损失最为惨重的战役，此战曹操的长子曹昂、爱侄曹安民、猛将典韦皆战死，曹操本人也险些丧命。这场战役的起因源自曹操的好色，在张绣投降后，曹操飘然自得，于是强纳张绣的婶娘邹氏为妾。这邹氏长得花容月貌、倾国倾城，让曹操非常喜欢。可是曹操此举却激怒了张绣，他认为曹操这是在侮辱自己，于是降而复叛，令曹军损失惨重，这堪称是历史上代价最大的一夜情事件了。曹操因好色而失去了长子、侄子和爱将，真的是得不偿失。

曹军战败后，场面非常混乱，唯有于禁约束部下，且战且退，一些士卒虽然战死了，于禁也不允许队伍散乱。在还没有退回大本营时，于禁在路上发现了十多个衣衫不整的伤兵，一问之下，才知道原来是青州兵在打家劫舍。青州兵原本就是黄巾军，后来投降了曹操，但其本身还存在"劫掠"的习气。曹操对他们很宽容，因此他们经常放肆，乘机抢劫。于禁听后大怒，说道："青州兵与我们一样隶属曹公，难道他们现在还是贼寇吗？"于是追讨青州兵。有些青州兵不敌，便逃回曹营向曹操打小报告，诬告于禁谋反。

有人劝于禁应首先向曹操报备，以免曹操误信谗言，对他不利。于禁说道："如今贼兵就在后面追来，我应首先抗敌，至于曹公，他是明智的人，必不会轻信谣言，有什么可担心的！"于禁遂筑好壕沟，以防敌军进攻，然后才向曹操解释。曹操听后认为于禁做得很对，说道："淯水之难，吾其急也，将军在乱能整，讨暴坚垒，有不可动之节，虽古名将，何以加之！"于是封于禁为益寿亭侯。

于禁在被诬造反时临危不乱、处变不惊，仍以国家大义为先，公而忘私；他先抵御敌军而后才向曹操解释，将国家大事置于个人安危之上，曹操对他的忠义行为大加赞赏，并认为虽古之名将亦无以过之，可见于禁的果敢和节义让曹操非常欣赏。于禁常年追随曹操南征北战屡立战功，破袁术、擒吕布、败袁绍之战，皆有功焉。

建安十一年（206），昌豨降而复叛，曹操派遣于禁征讨，于禁急攻昌豨，昌豨因与于禁是旧交，故而向于禁投降。诸将皆以为昌豨已经投降，应当让曹操处置，而于禁却说："诸君难道不知道曹公经常说的命令吗？在大军包围后才投降的人，不能赦免他的罪行。遵守和执行法令乃是事奉君上的气节。昌豨虽然是我的旧友，但我岂可以因此而失节！"于禁遂与昌豨诀别，挥泪将其斩首。这件事体现了于禁执法严明、不因私废公。

自古以来忠义难两全，于禁选择了事君之忠，放弃了朋友之义，这乃是个人选择，无可非议。但昌豨之所以向于禁投降也是念及与于禁的旧交，认为向于禁投降可保一命，殊不知于禁六亲不认，丝毫不念旧情，果断将他斩首，这样的做法未免太过冷漠和绝情。而曹操所颁布的"围而后降者不赦"的法令主要是为了威慑那些反叛之人，让他们在大军到来之时便放弃抵抗，这有助于战争的取胜。但于禁的做法过于拘泥古板，而不懂变通，但他坚持原则、执法严明则是值得肯定的。当时曹操驻军在淳于，听闻于禁斩杀昌豨之事后，感叹道："昌豨不向我投降，而投奔于禁，这是命啊！"由此可见曹操对昌豨之死亦深感可惜，认为于禁有点冷酷。但即便如此，曹操仍然欣赏于禁的执法严明，从此之后对他更加器重，拜其为虎威将军。

于禁治军严整，每次征伐缴获来的财物从来不私藏，因此曹操对他的赏赐非常重。然而，于禁常常以严厉的军法来统御将士，将士们对他都很畏惧，心怀怨言，并不真心拥戴。曹操常常恼恨朱灵，想要夺取他的兵权，因为于禁有威严，曹操便遣于禁引数十骑，带着自己的命令前往朱灵军营，让朱灵交出了兵权。朱灵及其部众无人敢动，曹操就让朱灵为于禁部下，众皆震服，可见将士畏惧于禁竟至于此。

作为一位良将,不仅要让部下畏惧,更重要的是要让部下敬爱,若是只有"畏",而没有"敬",长此以往将军势必不得人心,属下也不会心甘情愿地跟着他效命疆场,上下离心离德,则大势去矣。于禁只知"紧"而不知"松",只知"严"而不知"宽",因而不得将士之心,算不上是一流良将。比方说于禁斩杀昌豨一事就没有做到"张弛有度",史学家裴松之亦指出于禁所为太过,认为"围而后降,法虽不赦;囚而送之,未为违命",并指责于禁"肆其好杀之心,以戾众人之议"。于禁的不得人心也间接造成了他晚景凄凉的悲剧。

建安二十四年(219),关羽北伐,围攻曹仁于樊城。曹操命于禁率3万大军去樊城协助曹仁,曹仁令于禁、庞德等屯驻在樊城北部。时值秋季,汉水暴涨,平地水数丈,于禁所督七军皆被淹没。于禁与诸将登高望水,无所回避,关羽乘坐大船攻击于禁等,于禁率全军投降,他的军司马东里衮、护军浩周皆被关羽生擒,只有庞德宁死不屈,被关羽斩杀。曹操听闻于禁兵败投降的消息后,哀叹了好长时间,说道:"我与于禁相知30年,没想到面临危难之时,他反而不如降将庞德!"从曹操感叹的话中可以看出他想不到于禁会投降,更想不到这样一个执法严明的将军居然会苟且偷生,在面临危难时于禁的表现竟如此不堪,曹操不愿相信这个事实,为于禁的晚节不保深感惋惜。

不久,吕蒙偷袭荆州,关羽败亡。在吕蒙攻破江陵后,于禁从荆州获释来到了东吴。孙权有次和于禁一起骑马出城,东吴大臣虞翻见二人并马而行,十分不满,大骂于禁只是俘虏,没有资格与孙权并排,更手持马鞭要鞭笞于禁,孙权立刻喝止。后来孙权在楼船与群臣宴饮,于禁听到演奏的乐曲时伤心流泪,虞翻又指责于禁是在装可怜,说道:"汝欲以伪求免邪?"孙权则对虞翻的所作所为深为不满。

曹魏黄初二年(221),孙权向曹魏称臣,便想将于禁等人遣返回魏。虞翻则谏言"应斩杀于禁,以告令三军身为人臣而有二心者的下场",孙权不听,依旧将于禁遣返。虞翻此人刚直不阿、疾恶如仇,特别鄙视于禁屈膝投降的行为,所以常正色责之。想不到昔日执法严明的大将军居然沦落至此,全无往日风采,且又被东吴臣子打压,着实苦闷凄凉,这与当初杀伐果断的于禁已经判若两人。

于禁回到魏国时已经须发皆白,面容憔悴,他哭泣着向魏文帝曹丕磕头。曹丕以春秋时期荀林父、孟明视的旧事来安慰他,并任命其为安远将军,准备派他出使吴国。实际上曹丕内心对于禁投降一事耿耿于怀,并不像他所表现出来的那样大度。曹丕是个心胸狭窄、睚眦必报之人,对于禁的失节投降非常痛恨,表面上却装出一副既往不咎的样子,以显示他的宽容。

曹丕让于禁在出使吴国前先去邺城拜谒曹操的陵墓，他则事先命人在陵墓的墙壁上画了关羽战克、庞德愤怒、于禁降服之状，以此来羞辱于禁。于禁看到这幅画之后，惭愧懊恼、羞愤难当，没过多久就得病去世了，被追谥为厉侯。在古代，"厉"是一个很不好的谥号。谥法云："杀戮无辜曰厉，暴虐无亲曰厉，愎狠无礼曰厉，扶邪违正曰厉，长舌阶祸曰厉。"曹丕在于禁死后追谥其为厉侯，可见他对于禁的评价极差，说明他对于禁降蜀的痛恨，即便在于禁死后也仍不放过。可惜于禁一时之误却落得身败名裂的悲惨结局，这个污点足以抹杀他全部的功绩，实在是可惜。或许有人会说于禁降蜀是迫于无奈，何必如此苛责于他？但在封建社会，讲究的是忠贞和节义，为人臣子应该舍生取义方为大道，若降敌以求苟且偷生则为世人所不齿，因此历朝历代都十分推崇宁死不屈的忠臣良将，而于禁晚年的失节降蜀使他背负恶名，晚景凄凉。

于禁早年追随曹操征伐四方，战功赫赫；他在宛城兵败时临危不乱，约束部下以确保阵营不乱；在青州兵劫掠时，他当机立断、稳定人心，以御敌为先、辩白为后，大公无私，曹操赞他堪与古之名将相比；他执法严明、公正无私，处斩旧友昌豨，毫不容情，部下皆畏惮之；在关羽北伐时，他率军援助曹仁,因汉水暴涨而全军覆没,他没有舍生取义,而是屈膝投降,从此背负恶名,为世人所不齿,曹操亦对他投降蜀汉而感到不可置信;在他返回曹魏后,被曹丕画图羞辱,抑郁而终。于禁本是曹魏"五子良将"之一,智勇双全,战功显赫,可就是因为他在危难时没能以死守节,被曹丕所痛恨,凄凉而亡,这一次的错误却抹杀了他一生的功绩,导致他的"恶名"传于后世,这实在可惜。

糜芳：叛蜀降吴的蜀汉国舅

糜芳的知名度不高，且才智平平，但他却因背叛蜀汉而留下千载骂名，甚至因为他的背叛直接导致了名将关羽的败亡。这又是怎么回事呢？

糜芳字子方，其先辈世代经商，富甲一方。糜芳最初与兄长糜竺跟随徐州牧陶谦。兴平元年（194），陶谦病逝，糜竺奉陶谦遗命，迎刘备于小沛，糜芳与兄长一起追随刘备。建安元年（196），刘备在下邳被吕布击败，妻子皆陷落，糜竺和糜芳跟随刘备逃到广陵海西，糜竺将妹妹嫁给刘备，也就是糜夫人。糜家家财丰厚，当时刘备处境困顿，全赖糜家资助方得重整旗鼓，重振士气。后来，曹操表糜竺领嬴郡太守、糜芳为彭城相，但二人都辞官，继续追随刘备。由此可见糜家兄弟对刘备忠心耿耿，不为爵禄所动，在刘备落魄时始终追随左右，不离不弃。建安六年（201），曹操击败刘备，糜芳跟随刘备逃至新野，依附荆州牧刘表。

建安十九年（214），刘备取得益州之战的胜利，留关羽镇守荆州，糜芳时任南郡太守屯江陵，将军士仁屯公安，二人一直嫌关羽轻慢自己。糜芳曾因南郡郡治失火，兵器被焚烧，受到关羽责备，糜芳内心畏惧，孙权得知后私下勾结糜芳，糜芳便暗中和东吴来往。建安二十四年（219），关羽北伐，率众攻曹仁于樊城，曹操遣于禁相助曹仁。时值秋天，遭逢大霖雨，汉水泛溢，于禁所督七军皆没，关羽擒于禁、斩庞德，威震华夏。曹操打算迁都以避其锋芒，司马懿和蒋济认为关羽得志，孙权必不情愿，可遣人劝孙权袭击关羽之后，许割江南以敕封孙权，则樊城之围自解，曹操从之。

自从关羽出军，糜芳和士仁因为供给军资不力，关羽扬言回师后将治罪二人，二人心怀畏惧。当时关羽正于樊城围攻曹仁，孙权趁机派大将吕蒙攻打荆州，吕蒙让虞翻成功劝降士仁，拿下公安，之后吕蒙带领士仁进攻南郡，糜芳看到士仁后开城投降。糜芳投降后，吕蒙因为轻易取得江陵而放松戒心，便在沙上作乐。虞翻对吕蒙说："如今一心投降的只有糜将军一人，城中之人岂可尽信，何不速速入城掌握关键呢？"吕蒙幡然醒悟，及时掌控城中要地。

吕蒙偷袭荆州的同时，曹操派遣徐晃率兵相助曹仁。关羽两面受敌，不能攻克樊城，引军退还。孙权已据江陵，尽虏关羽士众妻子，关羽军士遂散。孙权派遣将领逆击关羽，斩杀关羽及其子关平于临沮。可以说，糜芳的叛蜀降吴让关羽退无所据，直接导致了关羽的败亡。糜芳在早期尚能放弃高官厚禄，随刘备周旋，不避艰险，最后却因与关羽私交不笃而背叛蜀汉，不能全始全终，实在是可惜。关羽败亡后，糜芳之兄糜竺非常惭愧，向刘备面缚请罪，刘备以"兄弟罪不相及"宽慰糜竺，对待糜竺与之前并无丝毫差别，体现了刘备的胸怀宽广以及身为领导者的魄力。糜竺却愈发惭愧，过了一年多就病死了。

　　糜芳投降的举动也遭到了吴人的鄙视。一次，糜芳乘船出行，遇到虞翻的船，糜芳船上的人想要虞翻让开，向前喊道："回避我们将军的船！"虞翻厉声说道："不忠不信的人，凭什么侍奉君王？使人失去两座城池，却称将军，可以吗？"糜芳不敢应答，关上窗让虞翻先过。后来虞翻乘车出行，经过糜芳的营寨，结果营门紧闭不让虞翻通行，虞翻又怒骂道："该闭门的时候开门，该开门的时候反而闭门，这样做事适宜吗？"虞翻此言是在讽刺糜芳应该关城门御敌时却开城投降，糜芳听后非常惭愧。东吴黄武二年（223），孙权令贺齐督糜芳、刘邵、鲜于丹等袭击魏国的蕲春，大获全胜，并擒获了之前投奔魏国被任命为蕲春太守的叛将晋宗。此后史书再无糜芳的相关记载。

糜芳在早期与兄长糜竺辞掉高官厚禄,追随刘备,又以家财资助刘备起兵,不避艰险,可谓忠义;他的妹妹嫁给刘备,因而糜芳有国舅身份,刘备对他也是极为倚重信任;但他在任职南郡太守时,却因与关羽私情有损,又畏惧关羽处罚自己,遂在关键时刻叛蜀降吴,直接导致了关羽的败亡;他以蜀汉国舅之尊,享荣华富贵,却未能善始善终,竭力效忠蜀汉,以致留千载骂名于后世,实在可惜。

第四篇 仁义篇

DI-SI PIAN
RENYI PIAN

崔琰：品性刚直的曹魏重臣

崔琰这个人虽在后世不甚出名，但在三国时期却是以刚直不阿、品性纯正而闻名于世，深得曹操敬重。但就是这样一个人最后竟被诬陷致死，这又是怎么回事呢？

崔琰（163—216），字季珪。其人生性朴实，言辞迟钝，喜好击剑，崇尚武功。在崔琰23岁时，乡里按规定将他转为正卒，他才开始感慨发愤，研读《论语》《韩诗》。到了29岁时，崔琰与公孙方等人结交，到汉末大儒郑玄门下求学。

崔琰在郑玄门下学习不到一年，徐州黄巾军攻破北海，郑玄与其弟子到不其山避难。那时买进的粮谷十分缺乏，郑玄只好停止授学，辞谢众学生。崔琰既被遣散，又到处都是盗匪，西去的道路不通，于是周旋于青、徐、兖、豫四州的郊野，自离开家乡四年后才归，在家中以弹琴读书自娱。此时中原连年战乱，崔琰虽怀大才却久不得志，只能在家静候时机,可见千里马也需遇到伯乐才能展其骥足,否则终将大才难展。

大将军袁绍听闻崔琰的名声于是征辟他。当时袁绍的士兵专横暴虐、挖掘坟墓,崔琰劝谏袁绍道:"如今道路上尸骨暴露,百姓未见到您的德政,应该命令各个郡县掩埋尸骸,以显示您为死者悲痛的爱心,追随周文王的仁慈之举。"袁绍于是任命崔琰为骑都尉。崔琰劝谏袁绍之言体现了他关爱百姓的仁爱之心,这样的心性在乱世是极为难得的。

后来袁绍在黎阳治兵,将军队驻扎于延津,崔琰劝谏道:"天子在许昌,百姓的愿望是支持顺从朝廷的一方,如今不如谨守治境,向天子述职,以便安定这一区域。"崔琰之言体现了他心系天下以及对汉室的忠义之心。可惜袁绍并不听从崔琰的建议,于是在官渡大败。袁绍刚愎自用,不能从善如流,最后败亡也是咎由自取了。

袁绍去世之后,他的两个儿子袁谭和袁尚争夺权力,相互攻击,他们都争着想得到崔琰为自己所用。崔琰称自己有病,坚决推辞,因此获罪,被关进了监狱,全赖阴夔、陈琳营救,才免于一死。崔琰宁愿获罪也不愿效力袁氏兄弟,说明他看出袁氏兄弟心胸狭窄、难成人事、必将覆败,故而不愿辅佐他们。

建安十年(205),曹操攻破袁氏后,领冀州牧,征召崔琰为别驾从事。他对崔琰说:"我昨天统计户籍,冀州有30万户,这真是个大州呀!"崔琰说道:"今天下分崩,九州离析,袁氏兄弟相互攻伐,冀州百姓暴骨荒野,您不先传布仁声,却只是计较甲兵数量,扩充实力,这并非百姓所寄望之事。"曹操当时挟天子以令诸侯,实力雄厚,又官居要职,兵强马壮,有谁敢于当面指责他呢?可见崔琰品行刚正不阿,敢于直谏犯上,甚至将生死置之度外。曹操听到崔琰之言后肃然动容,向他表示歉意,当时在座的宾客都大惊失色。曹操对崔琰的宽容固然体现了他对正人君子的敬重,另一个原因则是此时他刚刚攻破袁氏,占领冀州,民心未附,所以要广施恩德,笼络民心,自然不会追究崔琰之言,以显示他从谏如流、求才若渴之心。

建安十一年(206),曹操征讨并州,留崔琰在邺城辅佐曹丕。曹丕在此期间照旧外出打猎,更换服装、车辆,兴趣全在追逐猎物上,荒于政事。崔琰上疏劝谏他不应沉迷驰骋打猎,荒废政事,而应该遵循正道,思虑治国战略,发扬高远节操,承担自己的责任,不忘国家社稷才是最重要的。曹丕面对崔琰的谏言,态度十分谦逊,他将猎具全部焚毁,脱去戎服,并请崔琰在自己以后有类似错误时,继续直言教诲。可见曹操、曹丕父子皆对崔琰十分尊敬。

建安十八年(213),曹操任命崔琰为尚书。这时曹操尚未立世子，临淄侯曹植因才华出众而被曹操宠爱，因而曹操在立嗣问题上始终犹豫不决，于是发出信函秘密询问在外的大臣。唯有崔琰公开答复道："依《春秋》大义，应该立长子，五官将曹丕仁孝聪明，宜承正统。我至死都坚持这个看法。"曹植是崔琰兄长的女婿，也就是崔琰的侄女婿，可是他并未因私废公，直言应立长子曹丕为太子，体现了其大公无私、正直坦荡，以及一切以大局为重的宽广胸怀。

自古以来，皇位传承都讲究"立嗣以长不以贤"的原则，这主要是为了避免发生兄弟相残的悲剧。但曹操向来不会被规矩所束缚，再加上曹植天资聪慧、文采过人，曹操数次想要以曹植为嗣，却始终拿不定主意，所以才发密函向朝臣征询意见。曹操之所以秘密询问众臣，就是不想让朝臣之间知晓对方的想法，这样他就可以集合众人意见再加斟酌。可是崔琰却不管不顾，直接公开回复曹操，丝毫不给他留面子，让曹操颇为尴尬。这固然体现了崔琰的刚直，但其行事作风未免欠妥，这样一来就让曹操下不来台了。曹操十分赞赏崔琰的大公无私和高风亮节，但却喟然叹息，升迁崔琰为中尉。

崔琰体态雄伟，眉目疏朗，须长四尺，声音洪亮，甚有威重，是个典型的美男子，朝廷中人很是敬仰，曹操对他也有几分敬畏。曹操统一北方后，声威大震，各游牧部落纷

第四篇 仁义篇

纷依附。匈奴派遣使者给曹操送来了大批奇珍异宝，使者请求面见曹操。但曹操自惭形秽，认为自己长相丑陋不足以威震匈奴，于是便将身姿高扬、眉目疏朗的崔琰召来，要他代替自己接见使者。接见时，崔琰正中端坐，接受了匈奴使者的拜贺，曹操却扮作侍卫，手握钢刀，侍立在崔琰身旁。接见完毕后，曹操派间谍去问匈奴使者："魏王何如？"使者回答道："魏王雅望非常，然床头捉刀人，此乃英雄也！"曹操听闻这个评价之后，立马派人暗杀了这个使者。这个匈奴使者的眼力还真是厉害，即便曹操扮作侍卫还是掩藏不住他的英气和威严，曹操忌心颇重，见匈奴使者竟能一眼看穿自己，震惊不已，便立马派人追杀，体现了他猜忌多疑的性格特点。

崔琰曾经举荐巨鹿人杨训，说他虽然才能不足，却清廉贞洁，遵守正道，曹操于是以礼征辟了杨训。建安二十一年（216），曹操晋位为魏王，杨训上表称赞曹操的功绩，夸述他的盛德。当时有人讥笑杨训虚伪地迎合权势，认为崔琰荐人不当。崔琰从杨训那里取来表文的草稿一看，写信给杨训说道："省表，事佳耳！时乎时乎，会当有变时。"崔琰的本意是讥讽那些批评者好谴责呵斥而不寻求合于情理，认为随着时间的流逝，那些人一定会改变对杨训的看法和偏见。但是有人报告曹操说崔琰这封信是傲世不满，在怨恨咒骂。曹操大怒,说道:"谚言'生女耳','耳'非佳语。'会当有变时',意指不逊。"于是罚崔琰为奴隶,并派人去看他,崔琰的言谈表情一点也没有屈服的意思,果然是刚正君子。

曹操下令说:"崔琰虽然受刑,却与宾客来往,门庭若市,接待宾客时胡须卷曲,双目直视,好像有所怨愤。"于是赐崔琰死。本来曹操猜忌心重,凡是他所不能容忍的人,如鲁国孔融、南阳许攸、娄圭,都因仗着自己是曹操的老朋友,有所不恭而被诛杀,其中崔琰之死最为冤屈,因而历代皆有文人墨客为之申冤。

崔琰起初与司马朗友善,司马朗就是魏国权臣司马懿的胞兄。当时司马懿正值壮年,无甚名声,崔琰给司马朗说道:"子之弟,聪哲明允,刚断英跱,殆非子之所及也。"司马朗以为不然,而崔琰坚持这个看法。后来司马懿的发展确实远远超过了其兄司马朗,可见崔琰颇有识人之明。崔琰的堂弟崔林,年轻时没有名望,亲戚们也大多轻视他,而崔琰却说:"此所谓大器晚成者也,终必远至。"后来崔林果然官至宰辅。还有崔琰的朋友公孙方、宋阶早逝,崔琰抚养他们的遗孤,就像对待自己的孩子一样。可见崔琰是一个明鉴卓识、笃于情义之人。

崔琰少时朴讷,喜好击剑,曾师从大儒郑玄;他劝谏袁绍行仁道、尊朝廷,但不被采纳;在袁绍去世后,他称疾固辞，拒绝辅佐袁绍二子；曹操领冀州后，他直谏犯上，指责曹操不行仁道，却计较甲兵数量，受到曹操尊敬；在曹丕行猎无度时，他直言劝谏，曹丕因而改正；曹操在立嗣问题上犹疑不定，他公开直言，支持长子曹丕为嗣，大公无私；他因杨训的称颂表章而被诬冤死，成为三国奇冤。这样一个德才兼备的正人君子却被诬陷致死，实在是千古憾事。

田畴：重义守节的汉末隐士

自古以来，隐士总给人一种"怡然恬淡，与世无争"的印象，其中尤以陶渊明"采菊东篱下，悠然见南山"的境界为代表，这样的生活是历代隐士都向往的。但正所谓"小隐隐于野，大隐隐于市"，隐士并不一定要远离庙堂，处于山野之间，只要心中有道，天下处处皆为道。当然，隐士之中也不乏杰出通达之人，例如司马徽、黄承彦等都是这类隐士；更不乏关注民生、重义守节之人，而田畴正是这样的人。他虽为隐士，却时时"以义为先"，与庙堂之间亦有着千丝万缕的关系，这又是怎么回事呢？

田畴（169—214）字子泰，他少年时喜好读书，善于击剑，可谓是文武双全。东汉初平元年（190），关东义兵兴起，董卓迁汉献帝于长安，这时烽火四起，民不聊生，东汉政权名存实亡。幽州牧刘虞感叹道："贼臣作乱，朝廷播荡，四海倾覆，谁也没有坚定的信念，我身为宗室遗老，自然不能与众人相同。现在我想请一使节前去朝廷尽为臣礼节,怎样才能得到不负使命的人士呢?"众人议论,都说:"田畴虽然年轻,但很多人都称他是个奇人。"田畴时年只有22岁。刘虞身为汉朝宗室心忧天下、尽忠朝廷,展现了他的忧国忧民之心。

初平二年(191),刘虞礼貌周全地请来田畴相见,对他十分满意,于是让他担任从事,为他置办车马。临出发时,田畴说道:"如今道路阻绝,贼寇纵横,我如果自称官员奉命出使,将会被众人指名道姓,多有不便。我愿以个人身份前往,期望能够顺利到达。"刘虞听从了他的意见,于是田畴自己挑选了家客与慕名而来的勇壮少年共20多人,骑马一同前往。田畴到达长安后,顺利完成了使命,朝廷下诏任命他为骑都尉。田畴认为天子方蒙尘未安,自己不可以承受这样的荣宠,坚持辞让不受,朝廷敬佩他的高义。三公府同时征召,田畴都没有接受。作为使者,田畴远涉艰难,方完成使命,却因天子蒙尘而不接受封赏,如此不图回报的高义之举鲜有人及,体现了他对朝廷的忠义以及他的高风亮节。

初平四年(193),刘虞与公孙瓒相互攻伐,田畴得到报告后,快马加鞭返回,可是还没到达,刘虞就已被公孙瓒杀害。田畴回来后,到刘虞坟墓前拜祭,又发出章表,哭泣而去。公孙瓒得知后大怒，悬赏通缉，捕获了田畴，对他说道："你为什么独自到刘虞的墓前哭泣，却不给我送章报？"田畴回答道："汉室衰颓，人人怀有异心，唯刘公不失忠节。他在章报中所说的，对将军来说没什么好话，恐怕不是您所知道的，所以没有送上。"此言体现了田畴对刘虞忠义的欣赏和敬佩，以及其刚正的性格。田畴与刘虞并无私交，仅受刘虞所遣而出使朝廷，但在刘虞去世后，他甘冒被公孙瓒降罪的风险亲往墓地祭拜刘虞，并且伤心哭泣，可见他是重情重义之人。

接下来，田畴又义正词严地指责公孙瓒道："将军方举大事以求所欲，既灭无罪之君，又雠守义之臣，诚行此事，则燕、赵之士将皆蹈东海而死耳，岂忍有从将军者乎！"意思是说"将军行征讨之事以满足自己的欲求，既杀死了没有罪的主君，又与坚守忠义的臣子为仇，果真做了这件事，那么燕、赵地区的士人将都只会投东海而死，哪还有人忍心跟从将军您呢？"田畴在面对手握重兵的公孙瓒时不卑不亢、晓以大义、据理以答、毫不退让，展现了他刚正无畏的精神。公孙瓒因为田畴理直气壮的回答，给他松绑，不敢加害，却把他拘留在军营中，禁止他的朋友与之往来。有人劝说公孙瓒："田畴是个义士，你不能礼貌对待他，还把他关了起来，恐怕会失去人心。"公孙瓒于是将田畴释放。

田畴北归之后，率领宗族众人以及从别处前来依附的数百人，扫地盟誓说："君仇不报，吾不可以立于世！"此言透着英雄气概，可见田畴是个恩怨分明的君子。田畴随即进入徐无山中，营造了一块深远险峻又很平敞的空地居住，亲自耕种粮食用来供养父母。百姓们都来归附，几年间达到5000多户。田畴从此成为隐士，过着自给自足的生活，享一方安宁之地，这在战火纷飞的乱世是极为难得的。田畴不仅自己做了隐士，还有很多老百姓前来归附他，使得徐无山中的势力逐渐壮大。可见田畴确实有着过人的才能和魅力，才能吸引这么多人前来依附他。

众人一致推举田畴为首领，田畴认为"今来在此，非苟安而已，将图大事，复怨雪耻"，体现了他虽然隐居于深山，却时刻关注国家大事、胸怀天下，并非只图苟安。于是田畴为大家制定了有关杀伤、盗窃、诉讼的法律，规定犯法重的人治死罪，其次的也要抵罪，共有20多条。又制定了婚丧嫁娶的礼仪，以及兴办学校讲授知识的规划也一并向众人颁布。众人熟习后，徐无山达到了"路不拾遗"的程度。乌桓、鲜卑也都各自派遣使者来送贡物，田畴都接纳、抚慰了他们，使他们不再进行侵扰。田畴可真是个奇人，在山林之中居然都可以制定严格的法律政策，而且领导有方、指挥若定，甚至做到"道不拾遗"，若非有着超高的才能和领袖魅力是做不到这些的,田畴这个隐士还真是很特别。

袁绍听说田畴的名声后几次派遣使者前来招请,又要授予将军印,以便安抚其统治下的百姓,田畴都拒绝了。袁绍死后,他的儿子袁尚又来征召,田畴始终未去。能够让袁氏父子都如此的敬重,可见田畴确实有着过人之处。而田畴几次不接受袁氏父子的征召,说明他并不看好袁氏父子的为人和能力,所以不愿折节帮助他们。

田畴时常因为乌桓残杀当地士大夫而痛恨他,有讨伐他们的心思,但实力不够。建安十二年(207),曹操北征乌桓,大军还没到时,先派遣使者征召田畴。田畴戒令门客赶快整理行装,收拾行李。通过田畴对袁绍和曹操的不同态度,可以看出他认为曹操能成大事,具有识人之明。曹操举田畴为茂才,拜为修令,田畴没有去上任,而是随着军队来到无终县。当时正值夏季降水,道路泥泞不通,贼兵又把守险要路段,曹军不能前进。曹操询问田畴意见,田畴建议:"应率军悄悄返回,从卢龙口越过白檀的险要,从空旷地区走出,乘其不备去攻打。"于是田畴带领他的部下作向导,此战出其不意,曹军大胜,追赶败兵到了柳城。

曹军返回关内,论功行赏,封田畴为亭侯,封邑五百户。田畴认为当初为了主君死难,率领众人逃遁,报仇的志向还没有实现,反而靠它获取利禄,这不是自己本来的意思,坚持推让。曹操知道他心意至诚,便没有勉强他。由此可见田畴果真是个义士,功爵利禄皆不能动其心志,这样的心性和坦荡古往今来也很少有人能够做到。

辽东的人斩了袁尚的首级送给曹操,曹操下令:"三军有谁敢为袁尚而哭的,斩首。"田畴因为自己曾被袁尚所征召,就前往吊唁祭奠。曹操也不追究。田畴虽然拒绝了袁尚的征召,但其实心中还是感念他的,所以不顾曹操的诏令前往祭拜,体现了他的重情重义。田畴随曹操征讨荆州回来,曹操追念他的功劳很大,后悔上次听从了田畴的辞让,说道:"这是成全了你一个人的志向,而损害了国家的法律制度啊!"于是又用上次的爵位赐封田畴。田畴上疏陈述自己的诚意,以死来发誓。曹操没有听从,想把他召来授官,田畴终究没有接受。

有司弹劾田畴褊狭固执,有违正道,只知固守小节,应该罢免官职,施加刑罚。曹操尊重田畴的为人,犹豫不决了很久,最后把此事交给世子曹丕与大臣们商议。曹丕认为应该不要勉强田畴,而成全他的志节。曹操还想给田畴封侯。因田畴平素与夏侯惇友善,曹操让夏侯惇去劝他。田畴对夏侯惇说:"我不过是个背负信义逃窜的人,蒙受恩惠得以全活,怎可以卖卢龙要塞来换取利禄赏赐呢?即使整个国家独加恩宠给我田畴,田畴难道就不问心有愧吗?如果一定这样做的话，我希望就在这里自刎，献出我的生命。"话没说完，就痛哭流涕。夏侯惇把这情形都报告给了曹操。曹操喟然叹息，知道不可以勉强了，这才任命田畴为议郎。田畴在46岁时去世，其子亦早亡。曹丕即位后，敬重田畴的德行信义，赐给田畴的侄孙子田续爵位为关内侯，作为对田畴后代的尊奉。

田畴年少时便文武双全、志节高远，青年时受刘虞所遣出使朝廷，被封骑都尉而不受；在刘虞死后，他亲往墓地祭拜哭泣，并义正词严地指责公孙瓒灭无罪之君；在回乡后他率家族随从数百人隐居徐无山，致力农桑；他虽居于山林，却时刻关注家国之事，心忧天下；在隐居期间，他制定法律、兴建学校，一时民风良好，乌桓、鲜卑纷纷与其结交；袁氏父子数次征召，他均固辞不受；在曹操北征乌桓时，他为向导，助曹军大胜；曹操念其功绩，四次封赏，他始终不受，坚守本心。田畴身为隐士，却怀有大才、杰出通达；他能力出众、胸怀天下、威信显著；他淡泊名利、心怀忠义、不为功爵利禄所动，是值得敬佩的君子。田畴堪称是重义守节的一代隐士。

王修：大节仁德的义士

说起王修，可能大多数人都没有听说过。在人才辈出的三国时期，王修的知名度只能排在三流，但是他在乱世之中却始终能够做到"坚守大节，心怀仁德"，这是殊为难得的事情。那王修又是怎样一个人呢？

王修字叔治，北海营陵人也。他7岁丧母，他的母亲是在社日那一日死的，第二年邻里在社日祭神，王修因思念母亲，非常悲哀。邻里听到他的哀哭声，为他停止了祭神。从这可以看出王修年少早慧，乃纯孝之人，一般人在7岁时还正处于玩乐的年龄，王修则因思母哀哭而感动邻里，可见他的聪敏和早熟过于常人。

王修20岁时，到南阳游学，住在张奉家里。张奉全家人都生了病，没有人去看望他们。王修于是亲自照料他们，直到他们病好了才离开。初平年间，北海相孔融征召王修为主簿，代理高密令。高密人孙氏素来豪侠，他的门客多次犯法。民间有抢劫案发生,贼人进入孙氏门下,吏役无法去捉拿。王修于是带领吏民包围了孙氏家,孙氏拒守,吏民畏惧不敢靠近。王修命令他们道:"有敢不去攻打的人,与贼人一同治罪。"孙氏害怕了,于是交出了抢劫的贼人。从此当地横行不法的豪强都惧怕屈服。

王修被推举为孝廉,他辞让给邴原,孔融没有答应。当时天下大乱,推举孝廉的事情就搁置下来。不久,郡中有谋反的人。王修听说孔融有危难,连夜奔往孔融那里。在贼寇刚刚起事时,孔融就对左右的人说:"能冒着危难前来帮我的,只有王修了。"话刚说完,王修就到了。可见孔融深知王修之公义,且有识人之明。王修不避危难前来相助孔融确实体现了他的仁德和道义。

后来,王修任功曹。当时胶东多有贼寇,孔融又任命王修为胶东令。胶东人公沙卢宗族强盛,自己设置营寨壕堑,不肯听从官府的发派调遣。王修独自带领几个人骑马径直闯进公沙卢家中,斩杀了公沙卢兄弟几人。公沙氏震动惊愕,没有人敢轻举妄动。王修安抚了其余的人,自此贼寇逐渐止息。此事体现王修胆识过人、才能出众,凭借胆识和魄力震慑贼寇,将胶东治理得井井有条。孔融每次有了危难,王修即使是在家中休息,也会马上赶到,孔融往往倚仗王修得以免于祸患。

第四篇　仁义篇

袁谭在青州时，征召王修为治中从事，别驾刘献数次诽谤诬陷王修。后来刘献因事当判死罪，王修审理这件案子，刘献得以免于一死，当时的人因此更加称赞王修处事公平，不因私废公，亦不因个人好恶而影响公事，他以德报怨、胸怀宽广，乃是堂堂正正的君子。袁绍又征召王修任即墨县令，后来又任袁谭手下的别驾。建安七年（202），袁绍病逝，因审配等伪立袁绍遗令，拥立其幼子袁尚为主，袁谭与袁尚渐生嫌隙。建安八年（203），袁谭和袁尚开始刀兵相向，袁尚率兵攻打袁谭，袁谭战败。王修率领吏民前往营救袁谭，袁谭高兴地说："保全我部队的人，是王别驾呀！"王修时任袁谭别驾，所谓"在其位当谋其政""食君之禄忠君之事"，他不避艰险营救袁谭，确实做到了尽忠职守、无愧本心。

袁谭战败时，刘询在累阴起兵，各地都陆续响应。袁谭叹息着说："现在整个冀州都反叛我了，难道是因为我没德行吗？"王修说："东莱太守管统虽远在海边，但他不会反叛，一定会来。"十几天之后，管统果然抛妻弃子来到袁谭这里，致使妻儿被叛贼杀害。袁谭于是任命管统为乐安太守。王修认为管统必来可谓有识人之明。袁谭想要进攻袁尚，王修劝他说："兄弟之间来回相互攻击，这是自取灭亡的根源呀！"袁谭不高兴，但理解王修的志向节操。王修此

145

言足见其乃公忠义士,敢于犯颜直谏,秉性刚正不阿,可惜袁谭不以为意。

过后袁谭又问王修:"计安出?"王修说道:"夫弃兄弟而不亲,天下其谁亲之!属有谗人,固将交斗其间,以求一朝之利,愿明使君塞耳勿听也。若斩佞臣数人,复相亲睦,以御四方,可以横行天下。"王修以兄弟大义规谏袁谭,希望袁谭可以与袁尚重修旧好,兄弟亲睦,才可以横行天下。可惜袁谭并没有采纳王修的肺腑忠言,一意孤行,最后败亡也是咎由自取了。不久,袁尚率军攻打袁谭,袁谭迎战大败,派辛毗去向曹操求救。

曹操攻破冀州后,袁谭再次反叛,曹操于是率领军队在南皮进攻袁谭。王修当时正在乐安运粮,听说袁谭危急,立即率领他带去的士兵和从事一共几十人,向袁谭那里赶赴。到了高密县时,听到袁谭已死的消息,王修下马放声大哭,说道:"没有主公我将归附谁呢?"于是他去了曹操那里,请求让他收葬袁谭的尸体。曹操想要观察王修的诚意,于是沉默不语。王修说道:"受袁氏厚恩,若得收殓谭尸,然后就戮,无所恨。"曹操嘉奖王修的节义,听从了他,并让他担任督军粮,返回乐安。

袁谭被击败后,冀州各个城池都服从了曹操,唯独管统据守乐安,不愿服从。曹操命王修去取管统首级,王修因管统是亡国之忠臣,于是解开他的捆绑,让他去见曹操,曹操高兴地赦免了他。管统和王修一样都是忠贞之士,彼此惺惺相惜,可惜袁氏父子却不能善用他们,这才导致了最后的败亡。

袁氏政令宽纵,在职的有权势的人大多都积聚财物。曹操攻破邺城,查抄没收审配等人的家财数以万计。待到攻破南皮县,察看王修家,粮谷不满十斛,仅有书籍几百卷,曹操感叹着说:"士不妄有名。"于是礼聘王修为司空掾,行司金中郎将,迁魏郡太守。可见王修不仅仁德忠义,还十分廉洁,有国士之风。王修治理政务,抑强扶弱,赏罚分明,为百姓所称道,体现了他杰出的政治才能。

魏国建立后,王修任大司农郎中令。曹操欲行肉刑,王修认为时机还不允许实行,曹操采纳了他的建议。肉刑是指直接摧残身体的刑法,例如髡钳(剃去头发,用铁圈束颈)、墨刑(在脸上刺字)、弃市(在闹市执行死刑),这些肉刑实施起来都较为残忍。王修反对曹操行肉刑,认为会失去民心,体现了他的仁德之心。

后来严才反叛,与他的属下几十人攻打宫殿旁门。王修听闻兵变,召唤车马未到,就率领属下官吏步行到了宫门。曹操在铜雀台望见他们,说道:"彼来者必王叔治也。"由此可见曹操对王修的信任和了解。相国钟繇对王修说道:"过去，京城发生变故时，九卿各自居守官府不出。"王修说："靠国家的薪俸吃饭，怎么能躲避国家的危难呢？居守官府虽是旧制，但不符合奔赴危难的大义。"时人称为美谈。王修此言说得大义凛然，充分体现了他对国家的忠心和节义，让人十分敬佩。不久后，王修病死在任上。其子王忠官至东莱太守、散骑常侍。

王修少时早慧，母亲去世后，其哀哭之声感动邻里；青年时游学南阳，亲自照料张奉全家，病愈乃去；他被孔融召为主簿，处事果断，豪强慑服；在郡中有反叛时，他不避危难赶来相助孔融，堪称忠正之士；在面对刘献诋毁时，他胸怀宽广，不因私废公；他屡次劝谏袁谭应兄弟和睦，却不被采纳；在袁谭去世后，他下马号哭，请收葬谭尸，以全臣子之节；他勤俭廉洁，家无余财，有国士之风；他善于治理，严明赏罚，百姓称之；他反对肉刑，心存仁德；在严才反叛时，他带领部属步行至宫门，守赴难之义。王修不论是跟随孔融、袁谭还是曹操，都始终做到了尽忠职守、以尽臣节，他兢兢业业、心怀仁德、处事果断、不失节义，堪称是大节仁德的义士。

王裒：终生守土不仕的纯孝之人

王裒（póu）这个人在历史上没有名气，甚至现在很多人连他的名字都不会念，但就是这样一位被历史遗忘的人却有着高洁的品性。他因父亲惨死而选择终生不仕，宁愿守护父亲坟墓清贫一世，也不改其志向，真乃是纯孝之人。

王裒字伟元，从小就有节操，非礼不动。其身长八尺四寸，相当于现今一米九的身高，相貌潇洒，是个美男子。王裒的祖父王修是"坚守大节，心怀仁德"的义士，不论身处何方，都始终做到了尽忠职守、以尽臣节。王裒父亲王仪字朱表，为人高亮雅直。当时司马昭为安东将军，王仪为司马。曹魏嘉平四年（252），孙权病逝，魏国出兵15万，分三路进攻吴国，司马昭率东路军直逼东兴，吴国以诸葛恪为统帅迎战。此战魏军惨败，司马昭因此被削去侯爵。

东兴之败后，司马昭问道："东兴之战失利，谁应该承担责任？"王仪说："责任在军帅。"司马昭大怒说："你敢将战败责任归于我！"于是就杀了王仪。从王仪的回答可以看出他刚正不阿的性格特点，颇有其父之风。由此也可见司马昭心胸狭窄，不能从善如流，其手段狠辣更胜过父兄。

王裒颇有父、祖之风，从小就有节义，他痛恨父亲因讲真话而死于非命，坚决不愿做官，终生不应征聘，并且从不西向而坐，以示不臣于晋也，体现了他的骨气大节。王裒把房子建在父亲的坟墓旁，终身以教授学生作为自己的职业。他非常孝顺，每天早晚都会在坟墓旁跪拜，而且声音非常悲惨凄厉。坟墓前有一棵柏树，因为他经常哭泣、攀爬，树的颜色和别的树不同。王裒每次读《诗经》读到"哀哀父母，生我劬劳"这两句时，都会反复流涕，泣下沾襟，后来他的门人甚至避开《蓼莪》之篇而不诵读了。王裒的母亲活着时，性极胆小，畏惧打雷。其母死后，葬于山林中，每次遇到风雨，听到雷声，王裒就即刻奔向母亲的墓地，拜泣告曰："我在这里，母亲不必害怕。"这些都体现了他对父母的纯孝之心。

司马炎建立晋朝后，得知王裒贤德有才，不仅给其父王仪平反，还多次邀请他做官，但王裒坚辞不就。其坚守本心，不改初衷，令人敬佩。王裒家里贫穷，他在田野里躬耕劳作，可以自给自足。家里有时也养蚕，但是王裒洁身自好，有个学生曾经私自给他割了别人的麦子，王裒很生气，就下令不再收这个人做学生,自此再也没有人敢偷偷割麦子送给他。王裒的一个学生被县里抓去服役,请求王裒写文书给县令。王裒说:"你的学问不足以庇护自己,我的德行浅薄不足以让你接受荫庇,即使给你写了又有什么好处呢?况且我不提笔已经四十多年了。"王裒遂担上干饭,让儿子带上盐和草鞋等用品,送要服役的学生到县衙,当时跟随他一同前往的学生有 1000 多人。安丘县令以为王裒前来拜见自己,连忙整衣出来相迎。王裒于是离开道路站在一旁,恭敬地说道:"我的学生来县里服役,所以前来送别。"说完,他拉了拉学生的手,含泪而去。县令深受触动,于是就免了这个学生服役。这件事传出后,整个县的读书人都为没能成为王裒的学生而感到遗憾。由此可见王裒品性淡泊、学识渊博,是一个深受学生尊敬的教育家,甚至全县学生都以不能接受他的教育为遗憾,如此的人格魅力确实少见。

当时同县有个叫管彦的读书人,很有才华,不过不太有名气,王裒却把他当成贤达的人,对他很友好,并且和他约为儿女亲家。后来管彦果然被朝廷任命为西夷校尉,而王裒也打算把自己的女儿嫁给管彦的儿子,但是后来却改变了初衷,没有把女儿嫁过去。管彦的弟弟管馥问王裒为何如此。王裒说:"我的志向是在山林间隐居,昔日姐妹出嫁得都很远,吉凶祸福很难知道。每每我都用此来警示自己。现在你哥哥的儿子把他父亲葬在洛阳。"王裒此言的含义有两点：一是因与司马氏的杀父仇恨，不愿与帝都之人结亲；二是不愿将女儿远嫁。管馥听后，说道："嫂，齐人也。当还临淄。"管馥坚持说："我的嫂子是齐地人，孩子们婚后就回临淄老家安居。"王裒说："哪里有父亲安葬在河南，儿子跟随着母亲到齐地的事情。这种用意，本来就是不孝顺。"王裒拒绝和管彦结亲，这体现了他纯孝的品性。晋怀帝永嘉五年（311），刘曜攻陷洛阳，大肆烧杀抢掠，齐地盗匪四起，亲戚朋友大批南迁，但王裒恋祖茔不肯离去，遂为盗贼所害。一代贤德之士惨死盗贼之手，实在是可惜。

　　王裒少有节操，品性高洁，相貌潇洒，异于常人；他因父亲惨死，宁愿清贫一生也不做西晋的官；他学识渊博，门人无数，深得学生尊敬；他极为孝顺，因母亲畏惧打雷，每逢雷雨天气便泣墓而拜；他终生守护父亲坟墓，宁死也不愿离开，遂为盗贼所害。王裒的一生固然平凡，知道他的人寥寥无几，他也未曾踏入仕途，甘愿埋没自己的满腔才华，但他守护父亲坟墓的初衷不改，终生坚持原则，用性命守住本心，堪称是一位让人敬佩的纯孝之人。

脂习、郭宪：大德重义的三国小人物

三国时期之所以在中国历史上能够绚烂夺目、影响深远，就在于它在短短数十年之内英雄辈出，甚至很多名不见经传的小人物都是大德重义之人，这是其他时代所不能比拟的，脂习和郭宪正是这样的小人物。若论知名度他们只能排到三流之后，就连《三国志》原文都没有出现他们的名字，只是裴松之在注释里将二人并列提及。即便如此，他们身上所具备的节义精神确实值得后世学习。

脂习字元升，京兆人。他在中平年间为郡吏，后任太医令。汉献帝西迁长安及东诣许昌，脂习常随从左右，他对献帝的不离不弃体现了他的忠义。脂习与"建安七子"之一的孔融相亲善，孔融就是那位4岁就懂得让梨的神童。曹操为司空时，威德日盛，而孔融性情刚直，常因小事上疏曹操，言辞十分倨傲，脂习因此劝孔融改节以事曹操，孔融不听。后来孔融被曹操诛杀，许都百官先前与孔融亲善者无人敢为之吊唁，都担心惹祸上身，避之唯恐不及。唯独脂习不惧危难，前往抚孔融尸体而痛哭，说道："文举，卿舍我死，我当复与谁语者？"哀叹不已，充分体现了脂习重情重义的品性。

曹操听说此事后，逮捕脂习想要将他治罪，后来感念他的诚实而将其释放，脂习便被迁徙到许都的东土桥下。后来脂习向曹操谢罪，曹操称呼他的字，亲切地说："元升，卿故慷慨！"并给他新房子，赐谷百斛。这说明曹操对脂习非常尊敬，也很欣赏他刚直的性格。魏文帝黄初年间，曹丕下诏想要任用脂习，因为他年老，但嘉其敦旧，有前汉栾布的信义之节，赐拜中散大夫。还家，年80余岁去世。讲完了脂习，下面再来说另一个人郭宪。

郭宪字幼简，西平人，为本郡豪族。东汉建安中，郭宪任西平郡功曹，州里征辟，不去，以"仁笃之行"为一郡所归慕。建安十七年（212），韩遂丧失部众，从羌中奔还，依附郭宪。众人大多想捉拿韩遂以向曹操邀功。郭宪大怒，责备众人道："别人势穷前来归附我，我又怎能将他置于险境呢？"当斯之时，曹操权势很大，而韩遂兵败来投，势穷力孤，郭宪却不愿违背道义，甘冒得罪曹操的风险来厚遇韩遂，这在当时是很难做到的，体现了他的德行和重义精神。

其后韩遂病死，田乐、阳逵等立即斩下韩遂的人头，准备送给曹操。阳逵等想在给曹操的条疏上也写上郭宪之名，郭宪不肯，说道："韩遂活着的时候，我尚且不忍图之，如今又怎么忍心用死人来邀功呢？"从古至今趋利避害都是人之本性，可郭宪不为利禄所动，坚守节操的行为让人敬佩。

当时曹操正在攻打汉中，在武都时，阳逵等人送韩遂的首级至。曹操素知郭宪名声，可查看了署名的条疏，发现郭宪之名居然不在其中，以此询问阳逵等人。阳逵等人告以实情，曹操感叹郭宪的义气，对他很是敬佩，于是表奏汉献帝，将郭宪与阳逵等皆赐爵关内侯。自此以后，郭宪之名声震陇右。曹魏黄初元年（220），郭宪病逝。曹魏正始初年，朝廷追嘉郭宪其事，复赐其子关内侯的爵位。

脂习和郭宪虽然知名度都很低，但他们确是大德重义之人，并深得曹操敬重；脂习不惧危难为孔融之死哭泣，体现了他的真性情；郭宪甘冒风险厚待韩遂，体现了他的道义；脂习品性刚直，有栾布之节；郭宪不以死人邀功，坚守底线。他们固然都是三国时期不起眼的小人物，知道他们的人寥寥无几，但他们的所行所为的确值得后世钦佩和铭记。

向雄：不违道义的志士仁人

向雄的知名度很低，但他却让阴险毒辣的司马昭非常钦佩，这又是怎么回事呢？

向雄（？—286）字茂伯，河内山阳人，乃彭城太守向韶之子。向雄起初在郡中担任主簿，给河内太守王经做事，此时王经为司隶校尉，任命向雄为他的都官从事。曹魏甘露五年（260），司马昭欺君罔上，架空皇帝，专擅朝政，日甚一日。魏帝曹髦眼见自己皇权日去，心中不胜忿恨，于是召见侍中王沈、尚书王经、散骑常侍王业，说道："司马昭之心，路人所知也。我不能坐等被废黜的耻辱，今日我将亲自与你们出去讨伐他。"王经认为："司马昭掌权日久，朝廷内及四方之臣都愿为他效命，而不顾逆顺之理，也不是一日了。如果陛下这样做，恐怕祸患难以预测，应重新详加研究。"众人于是力劝曹髦忍耐，不可意气用事，否则悔之不及。曹髦将早已写好的诏书扔在地上，说道："就这样决定了,纵使死了又有何惧,何况不一定会死呢!"曹髦说完就进内宫禀告太后。

王沈和王业担心祸及自身,于是将此事告知司马昭,司马昭便预做了准备。王沈和王业想叫王经跟他们一起去,但王经正直不屈,不愿做背义之事。之后,曹髦被司马昭心腹贾充所指派的成济当众弑杀,王经因没向司马昭告急,于是全家均被拘捕交付廷尉处置。王经向他的母亲谢罪,他母亲颜色不变,笑着回答道:"人谁不死?只恐死得不得其所,为此事大家同死,何恨之有哉?"王经之母果然堪称贤母典范,其教子有方,大义凛然,不为权势所屈,实属难得。王经被杀于东市后,向雄为之痛哭,悲哀之情感动了整条街市的人。王经是得罪司马昭的人,而司马昭在魏国权势很大,如同皇帝,在此情况之下向雄却毫不避讳,当街痛哭王经,体现了他刚正不阿的耿直性情。

起初,继任河内太守的刘毅曾无故鞭笞向雄,等到吴奋代替刘毅担任河内太守,又因小小的过错把向雄关进监狱,后司隶校尉钟会将向雄从监狱里征召出来任为都官从事,可见向雄仕途不顺,屡遭磨难。曹魏咸熙元年(264),钟会因灭蜀之功被司马昭封为司徒,晋封县侯,增邑万户。钟会灭蜀后,威震西土,自谓功名盖世,不可复为人下,且认为"事成,可得天下;不成,退保蜀汉,不失作刘备也",于是谋反。司马昭统十余万众亲征，钟会谋反失败，死于乱军之中。钟会被杀后，无人敢收殓下葬，唯有向雄不避险难，前往料理钟会的丧葬事宜，可见其品性刚直，且是个知恩图报之人。

司马昭得知此事后非常生气，召见向雄并责备他说："以前王经去世，你在东市哭他，我不问罪。如今钟会公然叛逆，你又收殓安葬，我如果再宽容你，那还要王法何用？"司马昭乃是阴险毒辣之人，他此时给向雄说这番话足见对向雄的不满和气愤，如果向雄稍不注意就会有杀身之祸。可是向雄毫不畏惧，大义凛然地说："从前先王掩埋刑人的尸骨，现在刑法已经施行，法令已经完备，我为道义所感化而收葬他，道义教化也没有过错。法令由上面制定，教化在下面发扬，为什么一定要让我立身于违背生死常理的时代呢？殿下如果把他的枯骨弃在荒野，那正好作为将来仁人贤士的口实，不也太可惜了吗？"

司马昭听后很高兴，与向雄交谈并饮宴后才让他回去。面对司马昭的质问，向雄临危不惧，有理有据，说得司马昭心服口服，不再追究，足见其胆识过人、正气凛然，让一向狠毒的司马昭都深感钦佩和欣赏。史学家习凿齿曾评价向雄："哭王经而哀感市人，葬钟会而义动明主，彼皆忠烈奋劲，知死而往，非存生也。"习凿齿认为向雄痛哭王经和安

第四篇 仁义篇

葬钟会的行为都是明知会有性命之忧却也义无反顾地去做，真乃忠烈义士。

曹魏咸熙二年（265），司马昭去世，其子司马炎承袭晋王爵位，逼迫魏元帝曹奂禅位给自己，建立晋朝。向雄在晋朝累次升迁至黄门侍郎。当时刘毅和吴奋都是侍中，一同在宫廷门下，这两个人就是当初无故鞭笞向雄并把他关进监狱之人。起初向雄不与他们说话，晋武帝司马炎知道后，敕令向雄恢复与二人的友好关系。向雄迫不得已，便到刘毅家里，拜见之后说："早先接受了诏命，君臣之义已绝，如何？"说完便离去。

晋武帝司马炎得知后大怒，责问向雄道："我让你恢复与刘毅、吴奋的友好关系，你为什么故意和他们绝交？"向雄不卑不亢，回答道："古代的君子用礼仪引荐人，用礼仪屏退人，现在引荐人如同把人放在膝盖上，屏退人如同把人坠入深渊。刘毅与我不成为敌人已经是万幸了，又怎么能恢复友好关系呢？"晋武帝听罢，只好同意。向雄的做法体现了他疾恶如仇、刚正不阿的性格，不与得罪过自己的人交谈，即便是皇帝敕命，他也丝毫不给面子，绝不因畏于权势而做出有违心意之事，这让君临天下的皇帝也无可奈何。这正是向雄的耿直之处。

西晋咸宁元年（275），向雄入朝担任御史中丞，升任侍中，又出朝担任征虏将军，颇受晋武帝赏识。太康初年，向雄担任河南尹，赐封关内侯。晋武帝打算让齐王司马攸回到封国，向雄进谏道："陛下子弟虽多，可是有名望的人少，齐王司马攸守在京城，获益的确很多，不可不思量。"晋武帝不采纳，向雄不顾圣意极力进谏，后径自出宫，愤懑而死。

齐王司马攸是晋武帝的弟弟，德才兼备，素有名望，为朝野所拥戴。司马昭起初欲传位于次子司马攸，只是碍于嫡长子继承制的礼法，才传位于长子司马炎，因此司马炎称帝后对司马攸的人望和才能非常忌惮，时刻提防着司马攸，这才下令让司马攸回到封国，远离京城，以减少对自己所构成的威胁。向雄素来耿直，刚正不阿，明知皇帝心中忌惮，却仍不畏权势，直言进谏，认为司马攸的才能如留守京城，则有利于江山社稷。显然向雄此时已将个人安危置于脑后，一心只愿社稷安定，甚至不惜参与皇室之争。可惜晋武帝不纳忠言，为了皇位稳固执意让司马攸回到封国，向雄因此忧愤而终，体现了他性格的宁折不弯。

向雄的知名度很低，但他一生做事坚持原则、不违道义，他为王经之死而痛哭，哀感世人；在钟会谋反被杀后不惧险难，将其收殓安葬，让一向狠毒的司马昭钦佩不已，体现了其知恩图报的正直品性。晋朝建立后，他颇受皇帝赏识和重用,官运亨通;在晋武帝让司马攸回到封国时,向雄犯颜直谏,不惧权势,触怒皇帝,从而落得愤懑而卒的下场,着实可惜。综观向雄简单的一生,堪称是不违道义的志士仁人。

第五篇 疑案篇

DI - WU PIAN
YI'AN PIAN

华佗：一代神医为何而死？

华佗是中国历史上的著名医者，被尊为"医圣"，与董奉、张仲景并称为"建安三神医"，与扁鹊、张仲景、李时珍并称中国古代四大名医。华佗所发明的麻沸散是世界上最早的麻醉剂，他首创用全身麻醉法施行外科手术，这在世界医学史上是罕见的创举，因此被后世尊为"外科鼻祖"。可就是这样一位神医却落得惨死狱中的下场，这又是怎么回事呢？

在《三国演义》的描述中，有两件关于华佗的事情令人印象深刻。第一件事情是华佗为关羽刮骨疗毒，展现了他高超的医术，可惜这深入人心的故事却是罗贯中虚构的，因为关羽中毒箭之时华佗已经去世十余年，根本不可能为关羽刮骨疗毒，而历史上给关羽刮骨疗毒的医者并没有在史书上留下姓名。第二件事就是曹操怀疑华佗要害自己，所以将华佗下狱拷问致死。正是因为这样的描写才让曹操多疑残暴的形象深入人心，而华佗也深受后世的同情和怜悯。可在历史上，华佗的死因虽与曹操有关，却并非如《三国演义》中所描述的那样，曹操着实蒙受了不白之冤。那历史上的华佗究竟是怎么死的呢？

华佗（约145—208）字元化，沛国谯县（今安徽亳州）人。他早年游学徐州，兼通数部经书。沛相陈珪举其为孝廉，太尉黄琬也征辟他，他都不为所动，于乡村行医，因医术精湛而名气渐大。除了医术精湛外，华佗还十分通晓养生之术，虽然年近60，但看上去还似壮年一般，当时的人都认为他是神仙。华佗在多年的医疗实践中，善于区分不同病情和脏腑病位，对症施治。一日有军吏二人，都是头痛发烧，症状相同，但华佗的处方，却大不一样，一人用发汗药，一人用泻下药，二人颇感奇怪，但服药后均告痊愈。原来华佗诊视后，已知一为表证，用发汗法可解；一为里热证，非泻下难以为治。这体现了他在行医时会根据不同的病因而采用不同的治疗方法，并非只是根据表征行医。孔子言"因材施教"，华佗在行医时也讲究"对症施治"。

又有督邮顿子献，就医后自觉病已痊愈，但华佗切脉后告诫他说："你的病虽已治好，但元气尚未恢复，应当静养直到完全康复，切忌房事，不然将有性命之忧。"其时，顿妻闻知夫病已经痊愈，便从百里外赶来看望。当夜，顿某未能慎戒房事，三日后果病发身亡。另一患者徐毅得病，华佗前往探视，徐毅说："昨天请医生针刺胃管后，便咳嗽不止，欲卧不安。"华佗说道："针刺未及胃管，误中肝脏，若日后饮食减少，五日后恐不测。"后徐毅果如华佗所言而亡。

华佗曾经替广陵太守陈登治病。当时陈登面色赤红，心情烦躁，华佗为他诊治，说陈登胃中有虫数升，乃食生鱼片所致，于是开药让他吐出了三升虫子，陈登得以痊愈。但华佗提醒陈登此病三年后会复发，需要有良医在场才能救治。三年后陈登的疾病果然复发，此时华佗不在，陈登于是病死，年仅 39 岁。通过华佗治病的例子可以看出他不同于寻常医者，其行医治病在于根除隐患，而非治标不治本，如此精湛的医术真是古今罕见。

华佗本为士人，生性孤傲又脾气不好，他虽以行医为业，但心中常感懊悔，并以行医为耻。这主要是因为在封建社会医生是属于"方技"，被视为"贱业"，不被人看得起，陈寿在《三国志》中也将华佗的事迹列入"方技传"。中国自古以来就主张"学而优则仕"，认为优秀的人才应该走上仕途，为"济世安民"贡献力量，华佗作为士人自然也有从政的想法，所以他虽医术高明，却以行医为耻。这件事可真的是颠覆三观了，想不到历史上的神医华佗居然以行医治病为耻辱，而是一心想要从政走上仕途。即便如此，华佗仍然救治了无数的人,并对中国医学界具有重大贡献,这是不可否认的。

后来曹操得了头风病,让华佗专门为他治疗。华佗说道:"这病在短期之内很难治好,即便是长期治疗也只能延长寿命。"华佗因为离开家太久想要回去,于是给曹操说道:"我刚收到家书,说家中有事,请允许我暂时回家一趟。"华佗到家之后,就说妻子病了,多次请求延长假期而不返。之后曹操三番五次写信让华佗回来,又下诏令郡县征发遣送,可是华佗自恃有才,厌恶为人役使以求食,仍然不上路。曹操大怒,便派人去查看,如果华佗的妻子真的病了,便赐小豆40斛,宽限假期;若是欺骗,就将他逮捕押送到许都。结果华佗撒谎,于是曹操将华佗交付许昌监狱,经审讯验实,华佗供认服罪。

按照汉朝律法,华佗犯有欺君之罪和不从征罪,按律应被处死。荀彧向曹操求情说:"华佗的医术确实高明,关系着人的生命,应该宽容他。"此时曹操正在气头上,说道:"不用担忧,天下难道就没有这种无能鼠辈吗?"于是华佗在狱中被拷问致死。华佗临终前,拿出一卷医书交给狱吏,说道:"此书可以救活人。"狱吏害怕触犯法律而不敢接受,华佗也不强求,取得火种将书烧毁。华佗在医学上有极高的天赋和成就,可惜他毕生所著的医书却被烧毁,失传于世,这对于后世来说真是莫大的遗憾和损失。

华佗死后，曹操的头风病未愈。曹操说道："华佗虽然能治愈我的病，但此人却想要通过拖延我的病症来要挟我，从而得到朝廷重用。即便我不杀此人，他也不会根治我的疾病。"通过曹操之言可以看出，华佗是故意不给曹操根治疾病，想要以此来要挟曹操，得到重用，从而实现从政的理想。华佗的做法触及曹操的底线，彻底将其激怒，于是曹操下令将华佗拷问致死。平心而论，曹操的做法虽然狠毒，但华佗的行为也有失君子风度，但他最后的惨死对于百姓来说也确实是一大损失。

华佗死后不久，曹操的爱子曹冲病重，医生束手无策，曹操后悔当初不应该杀害华佗，感叹道："我后悔杀了华佗，使我儿白白死去了！"曹冲才智过人，是三国时期的著名神童，也是曹操最爱的儿子，如果曹冲不死，那历史必将会改写。可是曹操一时气愤杀了华佗，导致自己儿子病重时无人医治，着实可惜。

华佗不仅善于治病，还特别提倡养生之道，他曾对弟子吴普说："人体欲得劳动，但不当使极耳，动摇则俗气得消，血脉流通，病不得生，户枢不朽也。"可见华佗深知运动对人体健康的重要性。华佗继承和发展了前人"圣人不治已病，治未病"的预防理论，为年老体弱者编排了一套模仿虎、鹿、熊、猿、鸟五种禽兽姿态的健身操，也就是为人所熟知的"五禽戏"。华佗的学生吴普用这种方法锻炼，活到90多岁时，听力和视力都很好，牙齿也完整牢固。"五禽戏"流传至今，已被证实确有强身健体之功效，这对于医学的发展具有推动作用。

　　华佗是一代神医，对世界医学发展具有重大贡献。他少时游学徐州，因医术精湛而名声渐大，却拒绝出任；他一生治病行医，多次破解疑难杂症，救人危急；他首创"麻沸散"，用于外科手术，被尊为"外科鼻祖"，推动了世界医学的进步；他善于养生，编排"五禽戏"流传至今，有强身健体之功效；他性格孤傲，虽医术精湛却深感懊悔，并以行医为耻；他自恃才能，有出仕之志，欲养曹操之病而自重，被下狱拷问致死。可以说华佗之死是自身性格缺陷所致，而曹操则充当了杀害华佗的帮凶。如此千载罕见的神医却惨死狱中，而他所著的医书也被焚毁失传，这不能不说是后世的重大损失和遗憾。

刘禅真的是个智障者吗？

受《三国演义》影响，很多人认为蜀汉后主刘禅是个彻头彻尾的智障，是个颠覆了祖业的无能之人，千百年来刘禅更是因为"扶不起的阿斗"而臭名昭著，备受后世指责和议论，但历史果真如此吗？中国自古以来就有"成王败寇"之说，刘禅作为亡国之君自然难逃被人诟病的命运。历史都是由胜利者所书写，刘禅固然负有亡国之责，但蜀汉的灭亡也是大势所趋，并非他一人之责。那历史上的刘禅究竟如何呢？

刘禅（207—271）字公嗣，小名阿斗，乃汉昭烈帝刘备之子，母亲是昭烈皇后甘氏。刘禅生于荆州，早年多次遭遇灾难，幸得大将赵云两次相救，才得以保全。在《三国演义》里，罗贯中详细描述了在长坂坡之战中，赵云七进七出救下尚在襁褓之中的阿斗这一情节，刘备为了收买人心将阿斗掷于地下，这样的描写不仅体现了赵云的英勇和忠诚，也体现了刘备的仁德。只是有些好事者借此事发挥,杜撰出阿斗因为被刘备摔傻,才在之后有很多荒唐之举,成为蜀汉灭亡的罪魁祸首,这就未免太过戏剧化了。其实在历史上刘备不仅没有摔过阿斗,赵云也没有七进七出曹营相救。《三国志》对此事的记载十分简略,称:"及先主为曹公所追于当阳长坂,弃妻子南走,云身抱弱子,即后主也,保护甘夫人,即后主母也,皆得免难。"从这简短的记载可以看出来赵云只是保全了刘禅及其母甘夫人的性命,并没有十分凶险的战斗场面。

刘禅是刘备的嫡长子,耀眼的身份让他注定有不平凡的一生。与其父刘备相比,刘禅自然显得有点懦弱,英武不足,这是因为刘备老来得子,刘禅从小在安逸的环境中成长,从来没有体验过战争的血腥与残酷,甚至连与他争夺皇位的竞争者都不曾有过。他不需要任何的努力就可以坐上皇位,享受万千荣华,君临天下,在这种情况下他又怎么可能感受到打江山的不易以及肩上所承担的重任呢?可即便如此,刘禅还是有其过人之处,可以说历史上的刘禅非但不是智障,他还是一个深谙君王之道、胸怀甚大的政治家。为什么这么说呢?我谨用几件事情来论证。

蜀汉章武三年(223),一代枭雄刘备病逝于白帝城,临终前托孤于丞相诸葛亮,言道:"君才十倍曹丕,必能安国，终定大事，若嗣子可辅，辅之，如其不才，君可自取。"刘备的永安托孤历来就饱受争议，但不难看出刘备是将刘禅和整个国家都托付给了诸葛亮，足见君臣间的信任和坦诚。刘备托孤之后，又给后主刘禅写下诏书，称："中郎将射援到我这里来，说诸葛丞相夸你聪明且有度量，他还向我说了许多你的好话。看来你超过了原本我对你的期望，你果真能如此，我还有什么可担忧的呢？"从刘备的诏书中可以看出诸葛亮对刘禅的评价是很高的，说刘禅智量甚大，如果要否认刘禅的才智，那就必定要否定诸葛亮的评价，可是以诸葛亮的人品和智慧，他是断然不会做出违心的评价来讨好刘备，也不会随意的做出中肯评价，这个评价必定不是空穴来风，而是有根据的。

蜀汉建兴元年（223），17岁的后主刘禅继位，遵从刘备遗言授予诸葛亮极高权位，诸葛亮成为蜀汉实际上的最高领导人，"政事无巨细，咸决于亮"。刘禅也曾亲口说道："政由葛氏，祭则寡人。"意思是说但凡朝廷政务都全权交由诸葛丞相决定，我只是负责祭祀祖先罢了。刘禅是将整个家国命运都交给了自己最信任的相父诸葛亮，自己安心做一个名义上的最高统治者，如果没有一个宽广的胸怀是不可能做出如此决定的，试想在中国历史上有哪个皇帝愿意将所有权力都交给大臣而又心无猜忌呢？

在《三国演义》里，刘禅被塑造成了一个昏君，在诸葛亮北伐大捷之时却听信谗言将诸葛亮紧急召回，使得北伐功亏一篑，俨然就是一个昏庸无能之人。其实历史上的刘禅不仅从未半途召回诸葛亮，相反还大力支持北伐事业，让诸葛亮没有后顾之忧。在诸葛亮病逝前线之后，刘禅所重用的执政者全部都是诸葛亮生前所推荐的人选，例如蒋琬、费祎、董允和姜维都是被诸葛亮看重的人才，刘禅均予以提拔，极为重用，这体现了其对诸葛亮的信任以及用人不疑的性格特点。刘禅在位 41 年，是三国 11 位皇帝中在位时间最久的，若不是有着超凡智慧又如何能够平衡朝局，稳坐皇位 41 年之久？

诸葛亮去世之后，刘禅废除丞相，任命蒋琬为大司马主管行政兼管军事，任命费祎为大将军主管军事兼管行政，权力交叉重叠，防止一家独大，试问一个智障又怎么可能想出如此完善的制衡朝局的办法？刘禅不仅深谙君王之道，胸怀宽广，同时他还是仁慈之主，对待臣下十分宽厚。刘禅在位期间很少有大臣被处死，即便偶尔有下狱问罪，也绝无株连之事发生，更不会因为臣下触怒自己就将其处死，光这一点只怕很多皇帝都做不到，更别说亡国之君了。与吴末帝孙皓的残暴相比，刘禅是十分宽仁了。

侍中董允为人刚正不阿，常常犯颜直谏。后主曾想选一批美女填充后宫，董允认为古者嫔妃之数不过十二，如今数额已满，不应再增加，始终坚持原则直谏犯上，毫不退缩，后主忌惮，就听从了他的话。后主长大之后喜爱宦官黄皓，董允又常常对上严肃匡正后主的过失，对下则多次斥责黄皓，黄皓畏惧董允，不敢为非作歹。董允在世之时，黄皓位不过黄门丞。董允不畏强权，多次直谏后主，丝毫不给他留情面。后主虽然心里不舒服，但始终没有因此降罪和惩处他，董允最后得以善终，这种事情在中国历史上都是很少见的。

刘禅对待臣子宽容仁慈，极少杀戮，虽然使得蜀汉朝廷内气氛和睦，安定团结，但也在一定程度上降低了他作为皇帝的威严，缺乏英武和霸气。正因如此，蜀汉与曹魏相比，秩序松散，缺乏一统天下的气魄。刘禅在前期能够知人善任，宽仁下士，遗憾的是在费祎去世之后，他身边缺少能督促敢谏的贤臣辅佐，于是刘禅开始懈怠，亲近宦官黄皓，不思朝政，蜀汉政局在后期开始走下坡路。即便如此，刘禅还是重用大将军姜维，支持其北伐事业。姜维在后期几乎连年出兵，后主刘禅都未加干涉，但由于蜀汉后期派系之争不断，朝政败坏，姜维回朝后受到排挤，不得不远离成都，屯田沓中避祸，这也是蜀汉灭亡的先兆。

蜀汉炎兴元年（263），司马昭发兵16万，分两路伐蜀，邓艾一路势如破竹,在绵竹战败诸葛瞻父子,进逼成都。刘禅采纳光禄大夫谯周之策向邓艾投降,蜀汉灭亡。刘禅不战而降的做法是他屡被后世诟病的主要原因。不可否认,刘禅缺乏君王应有的骨气和血性,在兵精粮足的情况下甘愿投降,俯首称臣,但这也从侧面反映了其性格的软弱,因为他的仁善,不忍见百姓流血牺牲,不忍家园毁于战火,他选择了投降。诚然,刘禅身为君王,没有承担起家国天下的责任,没有继承父辈的雄心,让得之不易的祖业毁于一旦,他有着不可推卸的责任,可他的善良和仁慈也是乱世之中所缺乏的美德。

  刘禅投降之后被曹魏封为安乐公。一日,司马昭在宴会上安排演出蜀国的歌舞,蜀汉群臣听罢都因思念故国而掩面哭泣,只有刘禅神态自若。司马昭问刘禅道:"安乐公,颇思蜀否?"刘禅回答:"此间乐,不思蜀。"这便是成语"乐不思蜀"的由来,很多人因此指责刘禅没心没肺,枉活于世,殊不知这正是他大智若愚的地方。司马家族自掌权以后心狠手辣,司马懿诛灭政敌曹爽三族,司马师废黜皇帝曹芳,司马昭更是弑君犯上,杀死魏帝曹髦,又诛灭诸葛诞满门,手段残酷狠辣。若刘禅回答思念蜀国,想必也会遭其毒手。正是因为刘禅的伪装和藏锋,让司马昭卸下心中的提防,对他彻底放心,刘禅才得以善终,享年65岁。刘禅用巧妙的方法在乱世之中保全了自身，这种种作为又岂是智障者可以做到的？

刘禅的一生充满着戏剧和无奈。他出生于战场，尚在襁褓之中便经历九死一生，几乎丧命，幸得大将赵云保护，才幸免于难；未及弱冠便别无选择地继承皇位，在前期举贤任能，重用诸葛亮、蒋琬、费祎、董允等贤臣，与民休养生息，国内政治清明，呈繁荣态势；后期他日渐沉迷享乐，亲近宦官黄皓，不思朝政，面对魏军不战而降，将江山拱手让人，背负千古骂名。可以说刘禅前期和后期的形象判若两人，正如《三国志》作者陈寿评价道："后主任贤相则为循理之君，惑阉竖则为昏暗之后。"陈寿的这个评价还是十分精准的。

刘禅作为一代君王虽然谈不上英明伟略，但也绝不是一位智障皇帝。他只是仁善有余，果断不足，这样的性格显然不适合乱世的生存法则，再加上常年的宫廷生活让他安于现状，缺少危机意识，缺乏帝王应有的雄心和魄力。如果他生于平常百姓之家，那他会是一个好人，可他生于帝王之家，被迫承担国家重责，那他身上的性格特点就让他有些力不从心了，这是刘禅的无奈，也注定了他不平凡的人生际遇。

如今千载已逝，我们唯有透过史书上的蛛丝马迹，探寻历史真相，还刘禅公道，让尘封千年的冤案得雪！

吕布为何背叛董卓？

一提起吕布，可能大多数人的第一反应是"人中吕布，马中赤兔"这八个字，这句话是用来赞扬吕布的武力盖世无双，事实上无论是正史还是小说，吕布都堪称三国第一武将，这点是没有争议的。当然除了褒奖之外，吕布身上的标签更多的还是贬义和批评，例如流传甚广的"三姓家奴"就是用来形容吕布的，这句话出自小说《三国演义》张飞之口。由于吕布此人多次易主，反复无常，因此这句话就是对他的尖锐批评。那么历史上真实的吕布是怎样的呢？他为何要反叛董卓，真的是因为貂蝉吗？

吕布（？—199）字奉先，五原郡九原县（今内蒙古包头市九原区麻池镇西北）人，早先是丁原的部将，因为弓马娴熟、骁勇尚武而在并州任职。在小说《三国演义》中吕布先拜丁原为父，后拜董卓为父，反复无常，唯利是图，故有"三姓家奴"之称。在一般人心目中吕布是一个有勇无谋之人，是一个仅凭三言两语就可以被忽悠的人，可事实上却并非如此。吕布确实是因勇武而闻名，但他绝非头脑简单，因为他曾经被任命为文职官员。中平六年（189），时任并州刺史的丁原担任骑都尉，在河内驻扎，任命吕布为主簿，对他很亲近。试想一个头脑简单、四肢发达，对文字一窍不通的人又怎么可能胜任主簿这个官位呢？这说明吕布是有一定能力的，而且还是个细心之人，并非人们心中那个只知打架斗殴、胸无点墨的蛮人。

事实上，吕布也没有拜丁原为父，二人并没有父子名分。《三国志》中只说了四个字"大见亲待"，就是说丁原对吕布很好，十分亲近，而吕布反叛丁原也并非因为赤兔马，史书上并没有董卓赠送赤兔马给吕布的任何记载。关于吕布反叛丁原，《三国志》中只有12个字的记载，称："卓以布见信于原，诱布令杀原。"意思是说董卓因为吕布被丁原所信任，于是诱惑吕布让其杀死丁原。至于是如何诱惑的，史书上虽然没有明说，但也不难想象董卓定是许给吕布高官厚禄等让人眼红的利益，吕布才能动心，最后杀死丁原。

吕布投降董卓后的确受到厚待，被董卓封为骑都尉，恩崇甚隆，二人还发誓结为父子。没错，吕布虽然没有拜丁原为父，但确实是和董卓结为父子，有父子之名分，董卓对他也非常的欣赏和信任。《三国志》记载："布斩原首诣卓，卓以布为骑都尉，甚爱信之，誓为父子。"按理来说吕布既然和董卓结为父子，有着父子情分，那他和董卓的感情必然比丁原要深，而吕布在董卓账下也算是英雄有用武之地，春风得意，那他最后又为何会反叛董卓呢？除了其唯利是图的性格之外，还有何原因呢？王允的连环计是否属实呢？可以负责任地说，这些都只是小说家言，吕布的反叛和貂蝉没有任何关系，因为貂蝉本身就是虚构的人物，历史上根本就没有这个人，那吕布又怎么会因为貂蝉而杀死自己的义父董卓呢？

吕布擅长骑射，臂力过人，军中号为飞将，不久又被董卓提拔为中郎将，封都亭侯。董卓自知自己凶暴，为人所恶，所以时常要吕布做自己的侍卫及守中阁；不过，董卓性格多疑，曾因小许失意而向吕布掷出手戟，幸亏吕布反应敏捷躲开了，随即又向董卓磕头认错，董卓这才稍稍消气，不予追究。自此之后吕布便对董卓怀恨在心，二人间的关系不像先前那样亲近了。吕布和董卓都不属于心胸豁达之人，吕布也不会轻易地放下对董卓的心结，父子关系终生嫌隙。可仅仅因为这件事情当然不足以让吕布反叛董卓，所以还有另外一件事的发生，那就是吕布和董卓的侍婢私通，担心董卓发觉，心不自安。这也从侧面反映了吕布为人不地道，既然身为臣子就应该恪尽职守，为主分忧，哪有和主公侍婢私通的道理？吕布的这种行为其实已经是对董卓的背叛了。

事实上，和吕布私通的这个侍婢在史书上只留下了短短的两个字"侍婢"，连个姓氏都没有留下。《三国演义》说她名叫貂蝉，这就是貂蝉这个人物的历史原型。《三国志》载："卓性刚而褊，忿不思难，尝小失意，拔手戟掷布。布拳捷避之，为卓顾谢，卓意亦解。由是阴怨卓。卓常使布守中合，布与卓侍婢私通，恐事发觉，心不自安。"通过这个记载可知吕布反叛董卓主要是因为两件事情，一件是其险些被董卓所杀，另一件是吕布和董卓侍婢私通，担心被董卓发现，可以说这两件事激化了吕布和董卓之间的矛盾。

起先，王允因为吕布是并州的壮士，对他以厚礼相待。自从吕布怀恨董卓后，他去见了王允，述说了董卓差点杀他的经过。王允此时正和孙瑞、杨瓒等密谋除掉董卓，因此便让吕布做内应。吕布有些犹豫，说："奈如父子何！"王允说："君自姓吕，本非骨肉，今忧死不暇，何谓父子？"于是吕布答应了王允，成功刺杀董卓，这就是吕布反叛董卓的过程和原因。其实王允让吕布做内应刺杀董卓这步棋是非常冒险的，毕竟吕布当时并没有表现出十分明确的要杀死董卓的想法，如果吕布没有答应，而是给董卓告密，那么整个历史的走向都会被改变，成败如何都只是在吕布的一念之间，所幸吕布答应了王允，成功刺杀董卓。董卓被杀之后，吕布任职奋武将军、假节，仪比三司，晋封温侯，与王允同掌朝政，可以说这个时候的吕布达到了人生的巅峰时刻。

可惜好景不长，董卓死后两个月，其部属李傕和郭汜等攻入京城，吕布守城八日，因城内叟兵叛变，吕布战败，于是率领百余骑兵，带着董卓的首级杀出武关。吕布兵败后没有容身之地，先后依附袁绍、张扬、刘备等人，惶惶如丧家之犬。建安三年（199），吕布先后击败刘备与夏侯惇，后曹操亲自出马征讨吕布，水淹下邳。吕布因部下叛变，致使兵败城破，最终被曹操缢杀，结束了他富有争议的一生。

吕布的一生是带有传奇色彩的，他屡易其主，多次反叛，先杀丁原后杀董卓，背信弃义，成为反面人物的典型。《三国志》作者陈寿评价吕布："轻狡反复，唯利是视，自古及今，未有若此不夷灭也。"史学家司马光也评价道："布者反复乱人，非能辅佐汉室，而又强暴无谋，败亡有证。"可见自古及今吕布一直是反复无常、唯利是图的代名词，在他的身上根本看不出"忠义"为何物，这样的人是不会得到民心的。正所谓"得道多助，失道寡助"，吕布最后悲惨的结局也是意料之中的事情了！

三国时真正的"空城计"究竟是何人所为？

"空城计"乃是三十六计之一，常用于众寡悬殊的战场上，以达到克敌制胜、以少胜多的目的。一说起"空城计"，大多数人第一时间想到的人物会是诸葛亮，这当然是小说《三国演义》的功劳。在《三国演义》中，诸葛亮首次北伐曹魏之时，马谡丢失街亭，使大军进无所据，诸葛亮将得力干将尽皆派出，身边只留 5000 兵退守西县。这时司马懿引大军 15 万，直奔西县而来。当时诸葛亮身边别无大将，只有一班文官，所引 5000 士兵，已分一半先运粮草去了，只剩 2500 人在城中，众官听到这个消息尽皆失色。

诸葛亮淡定从容，登城远望，看到尘土漫天而来，于是命人大开四门，每一门用 20 名军士，扮作百姓，洒扫街道，自己身披鹤氅，头戴纶巾，于城上敌楼，焚香操琴。司马懿见了如此场景，心中顿生疑惑，下令退军。其次子司马昭说："莫非诸葛亮无军，故作此态？何故便退军？"司马懿说:"诸葛亮平生谨慎,不曾弄险,今大开城门,必有埋伏,我兵若进,中其计也。"罗贯中在《三国演义》中详细刻画了诸葛亮空城退敌的情节,将诸葛亮的智慧以及临危不乱的大将之风表现得淋漓尽致,可谓是精彩至极,让人读来不禁拍案叫绝!可惜这终究是小说家言,并非史实,所述情节是经不起推敲的。

首先,诸葛亮首次北伐是在公元228年,兵出祁山,南安、天水、安定三郡叛魏应亮,关中响震,魏明帝曹叡坐镇长安,命大将张郃抵抗诸葛亮大军,而司马懿此时正屯兵宛城,并没有与诸葛亮交手。宛城在现今河南省南阳市的宛城区以北,而祁山则在现今甘肃陇南礼县的盐官镇以西,两地相距千里,司马懿又怎么可能亲率大军而来,况且在街亭丢失之后,诸葛亮是直接退兵汉中的,并没有困守西县,因而《三国演义》的描写不符合实际情况。

其次,退一万步来讲,就算情况属实,客观条件具备,"空城计"也无法成立,为什么呢?如果真如《三国演义》所说,司马懿统大军15万,而西县只有2500名军士,那这个敌我兵力的对比就已经不能用众寡悬殊来形容了,而是天壤之别,在兵力占据绝对优势的情况下,司马懿怎么会不战而退?即便他怀疑城中有伏兵,也可以派出哨兵先行打探;抑或将县城团团围住,切断水源,那么城中守军将不战自乱，况且区区西县就算有伏兵也埋伏不了太多人马，何至于扭头就走。最不济他也可以下令放箭，射杀诸葛亮，正所谓擒贼先擒王，这样也可以轻松取得胜利。可是司马懿却在听到琴声之后，没有采取任何措施就退军，这在逻辑上有些讲不通。

最后，诸葛亮一生谨慎，从不涉险，他又怎么会将大将尽皆派出，而只留下老弱文官守城，将自己置于险境呢？这不是诸葛亮一贯的作风，他绝不会让自己身处险境的。

既然"空城计"并非诸葛亮所为，那么真正的"空城计"又是何人所为呢？其实还真有一个人在三国时期使用了"空城计"，只不过其事迹被罗贯中张冠李戴地套用在了诸葛亮身上，而此人正是刘备的大将赵云。

赵云（？—229）字子龙，常山真定人，原本是公孙瓒的手下，后来跟随刘备，成为刘备的心腹大将。他一生南征北战、出生入死，曾经两次救下刘备之子刘禅，对蜀汉政权忠心不贰。赵云可以说是所有少女心中的白马王子，他高大威猛、文武双全、性格温和、谦卑有礼、有情有义，这些优良的品质让他深受大众喜爱，成为一个具有完美人格的三国英雄。

建安二十四年（219），刘备与曹操争夺汉中之地，曹操在北山下运送粮草，将军黄忠见此认为可以出击，遂与赵云一同劫粮。可是黄忠到了约定的时间还没有返回，于是赵云亲率数十轻骑去接应黄忠，将黄忠救出。当时将领张著被围受伤，情况十分危急，赵云又返回乱军之中救出张著，左冲右突如入无人之境，就这样赵云以寡敌众，分别救回了黄忠和张著二人，可见赵云的勇猛绝非虚传。之后曹操亲率大军追赶，当时赵云兵少将微，仅有数千军士，而曹操却拥数万之众，众寡悬殊。

面对如此不利形势，沔阳长张翼想要闭门拒守，可是赵云却不慌不忙、镇定从容，下令大开城门，偃旗息鼓，自己单枪匹马立于城门口。曹操见此心中疑惑，怀疑赵云在营内设有伏兵，于是不敢上前，兵马尽皆退去。这时赵云让士兵擂鼓，鼓声震天，又命弓弩手放箭以射曹军，曹军大为惊骇，自相践踏，掉落汉水而死者不计其数。刘备在次日听闻此事之后不禁感叹道："子龙一身都是胆！"全军上下从此称呼赵云为虎威将军。这便是真正的"空城计"的全过程，而专利则归属于虎威将军——常山赵子龙。

"空城计"作为三十六计之一为人所熟知，但由于受到小说《三国演义》的影响，很多人误将此归功于诸葛亮，却不知真正使用这一计策的其实是赵云。赵云一生征战无数，从无惧色，正如刘备所言他"浑身是胆"，在面对曹军的强大兵力时，他没有惊慌失措，也没有如其他将领一般闭门拒守，而是使用"空城计"大败敌军，以少胜多，以寡敌众，取得了战争的胜利。赵云之所以敢于使用"空城计"，还在于他对曹操性格的了解。赵云深知曹操素来多疑，见到城门大开必然心中疑惑，不敢上前，如此方能取胜，正所谓"知己知彼，百战不殆"，可见赵云智勇兼备，具有大将之才。

三国时真正的"空城计"其实是赵云的专利，可是这一真相却被淹没于小说《三国演义》之中，不为人所熟知，岂不可惜！

蜀汉权争：李严被废的真相

在蜀汉众多的案件中，最为大众所关注的就是李严被废事件，这件事情的始末可谓是扑朔迷离，史书语焉不详，堪称是一大疑案。李严为何会突然被废？这与蜀汉权争究竟有没有关系呢？这些都是本文所要讨论的问题。

李严（？—234）字正方，南阳人。他在年轻时担任郡中的吏员，以才干知名。荆州牧刘表让他到郡中各县任职。曹操进入荆州时，李严正为秭归县令，于是西往奔蜀，刘璋用他为成都县令，又获得能干的名声。在曹操攻占荆州时，李严却弃曹操而反奔蜀地，可见他对"挟天子令诸侯"的曹操并不认同。建安十八年（213），刘璋任命李严为护军，在绵竹一带抵御刘备大军，而李严则率领部下投降刘备，被刘备任命为裨将军。由此可以看出李严十分看好刘备，认为刘备有英雄之姿，必成大业，故而在关键时刻转投刘备。建安十九年（214），刘备平定成都后，李严被任命为犍为太守、兴业将军。益州因在刘焉、刘璋父子的治理下，法纪松弛，德政不举，威刑不肃，刘备于是命诸葛亮、法正、刘巴、伊籍和李严五人共同制定《蜀科》，后来成为蜀汉法律体系的基础。

建安二十三年（218），盗贼马秦、高胜等在郪县起兵，召集队伍数万人，到达资中县。当时刘备在汉中，李严不待其另外发兵，只率领本郡士兵5000人前往讨伐，斩杀马秦、高胜等叛贼首级，其余人都四散逃命，回家为民。不久，越巂郡夷帅高定率军围攻新道县，李严前往解围，高定被击败后逃走，刘备于是加封李严为辅汉将军。李严先后平定蜀汉的两场叛乱，以少胜多，表现卓越，确实体现了他杰出的军事才能。

据《水经注》记载，李严任犍为郡守期间，还重新修筑了浦江大堰，又叫"六水门"枢纽工程，使其能连接江的两岸。东汉晚期，战乱频仍，都江堰、六水门等大型水利工程都严重失修。李严上任后，重新整治水利工程，对当时的生产建设是有功绩的。可见李严不仅军事才能出众，其政才也不容忽视，并在任上做出了相当大的贡献，影响后世。

李严虽才能出众，却性情孤傲，难以与人相处。在任期间，他大盖房舍，穷奢极欲，以满足一己之私。他曾因迁移郡治官邸一事与持反对态度的郡功曹杨洪争执，杨洪一气之下主动辞职引退。李严都督江州后,又与属下牙门将王冲发生摩擦,王冲自知为李严所忌恨,惧怕因此被诬陷而叛逃降魏,被魏国任命为乐陵太守。由此可见李严虽能力出众,却有着严重的性格缺陷,他自视甚高,不善处理与同僚的关系,并且心胸狭窄、私心颇重。这些缺点都注定他无法成为名留千古的贤臣良佐。

蜀汉章武二年(222),刘备伐吴败回,征召李严进永安宫,任命他为尚书令。章武三年(223),刘备病重,李严与诸葛亮并受遗诏辅佐少主刘禅,以李严为中都护,统内外军事,留镇永安。李严是刘备指定的托孤大臣之一,与诸葛亮共同接受遗诏,为股肱之臣,可见刘备对他的信任。刘备临终托孤于诸葛亮和李严,以诸葛亮主政,李严掌军,这样的安排与东吴孙策的托孤十分相似。孙策临终前托孤于张昭和周瑜,同样是以张昭主政,周瑜掌军,一文一武相得益彰。

刘备之所以会托孤于李严,主要有两个原因:第一,李严确实才能过人,尤其是军事能力出众,而诸葛亮擅长内政,所以李严若与诸葛亮合作会事半功倍。第二,蜀汉政权主要由三大派系组成,分别是荆州派、东州派和益州派。荆州派指的是刘备在荆州期间所招揽的贤才,代表人物是诸葛亮、蒋琬;东州派指的是跟随刘焉、刘璋入蜀的人士,代表人物是李严、法正；益州派指的是益州的土著世族，代表人物是黄权、谯周。这三大派系一直明争暗斗，面和心不和，当遇到外敌来犯时，三大派系尚且可以同仇敌忾、抵御外敌，可若外患解除，他们彼此之间又争斗不休，甚至蜀汉的迅速灭亡也与之有着密切的关系。李严是东州派的代表，与益州派也有着不错的关系，而他本身出生于荆州，因此被荆州派视为老乡，也愿与他亲近。在当时的蜀汉政权，只有李严与三大派系间都保持着融洽的关系，刘备这样安排也是为了平衡蜀汉三大派系间的关系，让矛盾不至激化，减少内部损耗，可谓是用心良苦。可惜李严有才而德亏，更有着性格缺陷，最终没能善始善终，辜负了刘备的信任。

蜀汉建兴元年（223），李严被封为都乡侯，假节，加光禄勋。建兴四年（226），李严转为前将军。诸葛亮在汉中，准备发兵伐魏，于是想调李严率兵镇守汉中，李严想尽办法推脱不来，却要求划分五个郡作为巴州，让他担任巴州刺史，诸葛亮没有答应。当时蜀汉的版图只有一个益州，如果再多设立一个巴州，就相当于在搞内部分裂，会危及蜀汉政权，所以诸葛亮拒绝了。可见李严私心太重，为了一己之私而置国家安危于不顾，如此品行又怎能成就功业？于是诸葛亮便让李严移屯江州，留护军陈到驻永安，皆统属于李严。诸葛亮不仅没有因此怪罪李严，还让他移屯江州，足见诸葛亮的心胸非常宽广。

李严还写信给孟达说道:"我与孔明一起受先帝重托,职责重而忧虑深,希望能得到真心助我之人。"李严与孟达同属东州派,二人又是生死之交,关系密切。此时孟达已经叛投魏国,李严写信给孟达暗示让其回归蜀汉,与他联手,好壮大自己的权势与地位,以便与诸葛亮分庭抗礼。诸葛亮也写信给孟达说道:"处理政务就像流水一样顺畅,果断地决定取舍,从不犹豫,这就是李严的优点。"可见诸葛亮对李严的才能是很欣赏的,若李严能够迷途知返,用心国事,未尝不能成为社稷重臣,可惜他的私心与权欲太重,即便诸葛亮大公无私,对他再三包容,他仍不知满足。

李严又劝诸葛亮应该受九锡,晋爵称王。诸葛亮回信驳斥,认为:"现在北伐还没有取得任何成效,先帝的知遇之恩未曾报答,就急着仿效'三家分晋、田氏代齐'一样争权夺力,这有违于道义。"二人由此不睦,逐渐貌合神离。在古代"受九锡"通常是篡位的前奏,例如曹操和司马昭都曾"受九锡",权倾天下,最后二人的子孙也都相继篡权,建立了魏国和晋朝。李严劝诸葛亮"受九锡"是不怀好意的行为,如果诸葛亮答应便会使声誉受损,他自己则能借机染指权力,这样的用心是很险恶的,体现其私心很重。后来李严的同乡陈震出使东吴前,曾私下对诸葛亮说:"李严此人居心不良，我认为他不可接近。"暗示李严心术不正，可能会制造事端。诸葛亮以"大事未定，汉室倾危，伐平之短，莫若褒之"回复，认为自己和李严还是可以相忍为国，并肩合作的。这充分体现了诸葛亮的大公无私，一切以国事为重的高尚品德。

建兴八年（230），曹魏大司马曹真准备三路出兵进攻汉中。诸葛亮为加强汉中防务，遂要求李严率2万人赶赴汉中阻击敌军，李严不满被调离江州，在私下传言说司马懿等已经设置了官属职位在诱降他，诸葛亮知晓其意，于是上表迁李严为骠骑将军，又表其子李丰接替督主江州防务，李严这才愿意北上汉中。诸葛亮命李严以中都护署丞相府事务。在国家危难之际，李严不顾大局，要挟诸葛亮为自己加官晋爵，似此眼中只有私利、不念国家安危之人又如何能够长久？

建兴九年（231），诸葛亮第四次北伐，兵出祁山，李严负责督运粮草。夏秋之际，正逢阴雨连绵，粮草运输供应不上，李严派参军狐忠、督军成藩传话给诸葛亮，让他撤军，诸葛亮得到信后答应退兵。李严听说军队已退，于是又故作惊讶，说"军粮充足，为什么又撤回来了"，意在推卸自己督办粮草不力的责任，显出诸葛亮贻误战机的错误。接着他又上奏后主，说："我军是假装撤退，目的是引诱敌军出来再战。"于是诸葛亮便将李严前后亲笔写的信拿出来交给后主，李严的错误暴露无遗。李严词穷理屈，只能叩头认罪。于是诸葛亮上表废李严为庶人，流放梓潼郡。

对于李严犯罪被废的始末，后世很多史学家都质疑其真实性，尽管此事记载于《三国志》，但文中所述李严犯罪手法拙劣，很容易被人识破，这与李严杰出的能力不相符合，因此受到质疑。但蜀汉联名上表请求废黜李严的大臣中包含了蜀汉各个派系的人，这足以说明李严所犯的是一件非常严重的错误，是无法原谅的错误。

李严作为刘备的托孤重臣，却在数年后遭废黜被流放，此案详情扑朔迷离，被后世认为是蜀汉的内部争斗，也是荆州派代表诸葛亮和东州派代表李严之间的权力斗争。但与通俗意义上的权争有所不同，蜀汉此次的权争非常温和。诸葛亮虽然上表将李严废为平民并流放，但依然保持其原有生活水准，并任用李严之子李丰为丞相府从事中郎，可以说这在整个中国历史上都是绝无仅有的事情。试想有谁会重用自己政敌之子，甚至还将他放在身边悉心教导，诸葛亮如此坦荡磊落的胸怀真是可昭日月。相比于魏、吴两国的权力斗争，例如魏国司马懿诛曹爽三族，吴国孙峻诛诸葛恪三族，哪个不是血流成河、尸积如山，唯有蜀汉此次的权争是完全没有流血的斗争，足见诸葛亮心胸之宽广非常人可比。

诸葛亮上表废黜李严后，还曾写信给其子李丰，信中透露出自己的款款真情。诸葛亮在信中说道："我与你父子都在尽全力扶保汉室，此事不仅天下百姓，就连上天也是知道的。我曾经表奏你的父亲为都护，主管汉中，如今又把东关托付给你了，这是与外人不能说得明白的事情。你父子忠心可鉴，也曾为国建功，令朝野为之感动，如此功名富贵可保始终，还愁什么家业不顺利吗？"诸葛亮还鼓励李丰道："如果你的父亲有愧疚悔改之意，你就与蒋琬推心置腹地沟通下。这样一来，坏事可以变为好事，以前失去的将来还可再回来。"诸葛亮在信中表明了自己"以国事为重"以及"匡扶汉室"的志向，还鼓励李丰用心国事，劝李严能够勤追前阙，如此还有将功赎罪、报效朝廷的机会。信中无不体现了诸葛亮的胸怀宽广、大公无私，以及重情重义。

建兴十二年（234），诸葛亮病逝五丈原，李严听说后非常伤心，发病而死。李严曾被诸葛亮上表废黜，可他不仅没有丝毫责怪诸葛亮，反倒在听闻诸葛亮去世的消息时因悲伤发病而亡。这主要是因为李严生前常企望诸葛亮能够重新起用自己，而诸葛亮去世使得这一希望破灭，而后人都做不到这一点，故而激愤发病。这足见诸葛亮的人格魅力是如此之大，让被惩罚者心服口服，无丝毫怨言，难怪东晋史学家习凿齿曾评价道："诸葛亮于是可谓能用刑矣，自秦、汉以来未之有也。"这句评语可谓一语中的。

　　李严才能出众，先投刘璋后投刘备；他军事能力卓越，曾两次平定蜀汉内乱，以少胜多，克敌制胜；他政才突出，在任时重新修筑浦江大堰，造福后世；他因才干出众被刘备指定为托孤重臣，掌内外军事；他私心颇重，权欲极强，不顾大局，又欺上瞒下，遭废黜流放；他常思将功补过，在听闻诸葛亮去世的消息时激愤而亡。李严本为贤才，又是刘备的托孤重臣，若他能够谦虚谨慎，勤于国事，以大局为重，那他必定能够成为蜀汉栋梁，流芳百世。可惜他的私心和权欲让他铸成大错，最终自毁前程。李严被废事件可以说是中国历史上最为温和的权力斗争事件，这自然与诸葛亮的大公无私与胸怀磊落有着密切的关系。

第六篇 女性篇

DI-LIU PIAN
NÜ XING PIAN

卞夫人：谦恭和顺的智慧女性

在三国这样一个英雄辈出的乱世，女子往往是作为陪衬和附属品存在的，她们是无法决定自己命运的，甚至还会成为时代的牺牲品。即便如此，还是有个别女性凭借自己的聪明才智在乱世中占据一席之地，并且一生无虞，寿终正寝，这是极为难得的，卞夫人正是这样的一位女性。一说起卞夫人，知道她的人屈指可数，可一说起她的丈夫那可是家喻户晓、妇孺皆知的人物了，他正是魏武帝曹操。

卞家世代都是以声色谋生的歌者舞伎，属于卑贱职业。延熹初年，卞氏（161—230）出生于齐郡白亭，据说她出生的时候，产房中整天都充满黄光，初为人父的卞敬侯非常奇怪，便去向王旦问卜。王旦回答说："这是大吉之兆，这个小女孩前途不可限量。"王旦还真一语中的，卞氏后来的发展也正是应了"不可限量"这四个字。话虽如此，长大后的卞氏也只能跟家族中的其他人一样，成为一名歌舞伎。这个以卖艺为生的家庭四处飘零,若干年后,来到了谯地(今安徽省亳州市)。

　　此时的东汉权臣当朝,内乱不断,曹操时为东郡太守,为避贵戚之祸而称病辞官返乡。在故乡城外建起别墅,读书狩猎,自娱自乐。就在这里,20岁的卞氏因才色过人,被时年25岁的曹操看中,成了乡宦曹操之妾。可以说曹操的眼光那是相当精准,也不拘泥于世俗。在当时歌舞伎又被称为倡家,是非常不入流且被人看不起的职业,可是曹操却不计出身,毅然纳卞氏为妾,这个决定是充满胆量的。

　　众所周知,曹操一生风流好色,共育有25个儿子,他妻妾成群,难以计数,其中,为曹操生儿育女的女人也有十多人。但纵观曹操所染指的这些女人中,最受曹操宠爱的当数歌女出身的卞夫人。那么,曹操为什么最宠爱这位出身花街柳巷的歌女?她有什么过人之处,以至于被曹操扶为自己的第一夫人呢?

　　卞氏嫁给曹操之后,跟随曹操来到了洛阳。东汉中平六年(189),东汉王朝发生了翻天覆地的变化,大将军何进死于非命,董卓废少帝刘辩,立年仅9岁的刘协为献帝。董卓觉得曹操是个人才,便封他为骁骑校尉,想要重用他。曹操认为董卓迟早会覆灭,于是拒绝赴任,带着几个亲信逃出了洛阳城,这再一次印证了曹操对政治所具有的极强敏感性。

曹操出逃后不久，袁术就捎来了曹操死在外面的消息。这消息一时间弄得曹府一片混乱，尤其是早先投靠他的部下更是觉得没了奔头，都想离开洛阳回老家去。就在全家上下都惶恐不安的时候，30岁的卞氏挺身而出，料理家庭内外事务。她听说丈夫的部属因为流言而要离去，曹家即将面临树倒猢狲散的局面，心中非常着急，于是不顾内外之别，走出来对将要散去的部属进行劝说："曹君的生死不能光凭几句传言来确定，假如流言是别人编造出来的，你们今天因此辞归乡里，明天曹君平安返回，诸位还有什么面目见主人？为避未知之祸便轻率放弃一生名节声誉，值得吗？"

众人面面相觑，都被眼前这个女人说得哑口无言，惭愧不已，纷纷打消临阵脱逃的念头，决定留下等待曹操的消息。卞氏的一番话为曹操挽留下了一批人马。在那个兵荒马乱的年代，部属的数目代表了一个人的威望，曹操人虽没有在洛阳，可是他的旧部竟没有人离弃他，这件事情也为日后曹操招兵买马壮大了声威。事实证明，袁术的话是十足的假话，曹操平安返回后，听说了卞氏的举动大为赞赏。这件事体现了卞氏的口才和胆识非常出众，她的智慧丝毫不逊色于男子，堪称是曹操的贤内助。

建安初年，曹操征讨张绣。张绣投降后又突然反叛，曹操毫无准备，损失惨重，其长子曹昂、爱侄曹安民、猛将典韦皆战死，曹操率残部狼狈逃回许都，此战史称宛城之战。曹操长子曹昂生母刘氏早卒，于是由曹操的正妻丁夫人抚养长大，丁夫人将曹昂视如己出，曹昂战死后，丁夫人悲痛欲绝，跟曹操离异，断绝了关系。此时曹府没有了女主人，而长子曹昂又死于乱军之中，那么，卞氏所出的次子曹丕便成了活着的长子。除了曹丕以外，卞氏还为曹操生下了曹彰、曹植、曹熊三个儿子。卞氏虽然出身倡优，但她却获得曹操的另眼看待。在丁夫人离开曹府回到娘家不久，曹操便将卞氏扶立为正妻，也就是从这时起，卞氏才真正成为"卞夫人"。

成为正妻之后，卞夫人仍然一如既往地辅助丈夫、教养儿女、善待曹操姬妾。曹操儿女众多，姬妾中早逝者也不少，很多年幼的孩子都因此失去生母的照顾。曹操对卞夫人的贤能豁达非常赞赏，将这些孩子都托付给卞夫人，让她代行养育之责。卞夫人对这些孩子的生身母亲毫无芥蒂，像对待亲生子女般尽心尽力地抚养教育，这使得曹操很是安慰。没有了后顾之忧的曹操，更能将全副身心都投入争夺天下的宏图伟业之中。

起初，丁夫人做正妻的时候，又有长子曹昂，从没有给过卞夫人母子什么好脸色。等到卞夫人做继室后，却不念旧怨，经常趁曹操出征在外时给丁夫人送去钱财和生活必需品，还邀请丁夫人回到王宫赴宴。在宴席上卞夫人总是把正妻座位留给丁夫人，而自己则退居妾位，犹如原先一样。能得卞夫人如此厚待，丁夫人感到非常惭愧，说道："我已经是离异之人，夫人何必如此呢？"几年后，丁夫人在娘家去世。曹操对丁夫人的去世非常痛心，感慨自己再无赎罪机会。卞夫人主动提出由自己操办丁夫人的丧事，并亲自为她选择了墓地，将她安葬在许昌城南。

丁夫人的离异可以说是曹操心中一生的痛，曹操在临终之前曾说道："我这一生做了很多的事情，无论好事坏事都没有后悔的，可唯独一件事情让我放不下，假如人死后有灵魂，如果子修（曹昂的字）哭着喊着问我要妈妈，我该如何回答？"通过这句话可以看出曹操对于与丁夫人的离异，心中一直没有释怀，这件事是他一生中很后悔的事。

建安二十二年（217），魏王曹操选定了时任五官中郎将的曹丕做自己的继承人。曹丕成为王世子后，很快就有近侍去向卞夫人祝贺。卞夫人淡淡地回答道："曹丕是长子，所以为嗣，而我作为母亲，能够在教导儿子方面没有过失就已经足够了，我们母子没有什么功劳，有什么值得祝贺的呢？"曹操后来知道了卞夫人的回答，非常欢喜，认为她的表现具有母仪天下的风范，赞扬道："愤怒不变容态，喜悦不失礼节，这真是太难得了。"

卞夫人不仅有一颗谦和之心，还十分推崇节俭。有一次曹操在外头得到了几副精美的耳环，拿回王府让卞夫人首先选择，可卞夫人只拿了其中一副中等档次的。曹操很奇怪，问她为什么？卞夫人说："如果选最好的那是贪心，如果选最差的就是虚伪，所以我择其中者。"在卞夫人的以身作则下，开创之初的曹魏后宫，朴素节俭成风。

卞夫人接见外戚时常说："为人处事当务节俭，不应当期望赏赐，考虑自图安逸。亲戚们怪我对他们不好，我也有自己的考虑。我侍奉武帝四五十年，节俭的时日长久，不能自变为奢，有犯科禁的人，我会对他罪加一等，不要奢求钱米赏赐。"这体现了她的公正无私，不仅对自己要求严格，对亲戚也一视同仁，不搞特殊化，这在很大程度上杜绝了外戚干政，为曹魏政权的稳定提供了重要保障。

建安二十四年（219），曹操封卞夫人为魏王王后，时年58岁。卞夫人从一介歌女奋斗成为王后经过了38个春秋，堪称是三国时期一位不平凡的女性。建安二十五年（220），曹操病逝，世子曹丕即王位，尊卞夫人为王太后。到曹魏代汉之时，尊卞夫人为皇太后。曹魏黄初七年（226），曹丕驾崩，曹叡继位，尊卞太后为太皇太后。太和四年（230），卞太后驾崩，享年69岁。同年七月，与曹操合葬于高陵。

综观卞夫人的一生，她不慕奢华，推崇节俭，虽出身歌女却拥有大智慧，最终在波诡云谲的三国乱世占得一席之地，堪称是一位传奇女性。卞夫人在曹操生死不明时处变不惊，力挽狂澜，努力说服曹操旧部，帮曹操挽留了人脉；在丁夫人离异后，她善待诸子，视同己出，以宽仁之心帮曹操免去了后顾之忧；在曹丕被立为太子时，她仍谦逊有度，不骄不躁，进退有据，更加赢得了曹操之心；她公正无私，一视同仁，在位高权重时不培植家族势力，这种种做法都说明卞夫人是一位谦恭和顺的智慧女性。她不仅是曹操的贤内助，更是历史上的一代贤后！

杜夫人：同时被曹操和关羽喜欢上的绝色女子

三国无疑是男人的战场，正所谓沙场征战男儿本色，但在这期间也有很多女子对战局走向发挥了重要作用，正所谓自古以来英雄难过美人关。而这位杜夫人就是三国时期的一位绝色女子，更重要的是她被曹操和关羽这两个风云人物同时迷恋，关羽甚至因为她而打算猎杀曹操。那么究竟是怎样的女子竟有如此大的魅力，能够让以"忠义"著称的武圣关羽动情呢？

杜夫人在历史上并没有留下姓名，只知道她的姓氏，这是因为中国古代是一个男尊女卑的社会，女人是没有地位的，通常史书上也不会记载女人的姓名，她们都是被当作男人的附属品来看待。这位杜夫人原本是吕布部将秦宜禄的妻子，和秦宜禄生有儿子秦朗，秦宜禄被吕布派去出使袁术，袁术赏识他，以汉室宗女为其妻，其前妻杜氏带着儿子秦朗仍留下邳居住。

第六篇　女性篇

汉献帝建安三年（198），吕布兵败，被曹操围困于下邳，关羽请求曹操在攻破城池之后将秦宜禄之妻杜氏赐给自己做妻子，曹操同意了。可关羽就在城池即将攻破之时又多次向曹操请求，这样一来曹操就十分好奇，怀疑杜氏有着绝世容颜，于是就派人把杜氏接到自己房间，想要看看杜氏究竟长相如何。结果曹操见到杜氏之后惊为天人，立刻为她的绝色容颜所倾倒，于是纳杜氏为妾，自己把她给收编了。

说实话曹操这事儿做得确实不地道，正所谓"朋友妻不可欺"，关羽虽然算不上是曹操的朋友，但曹操一直都很器重他，再加上关羽确实是求娶杜氏在先，况且曹操也亲口答应了关羽，出于信守承诺的关系曹操也不该这么做。这就属于典型的见色忘义了，这种做法就等于是置关羽于不顾，把关羽的请求给抛到了九霄云外，这就太不地道了，即便关羽是个正人君子恐也难以接受事实。

或许很多人都不相信这是真的，认为此不过是野史杜撰，关羽怎么可能会垂涎女子的容颜呢，更何况这个女子还是别人的妻子，这也太不符合关羽的形象了吧？其实不然，这件事情在多部史料中均有明确记载。《蜀记》载：曹公与刘备围吕布于下邳，关羽启公，布使秦宜禄行求救，乞娶其妻，公许之。临破，又屡启于公。公疑其有异色，先遣迎看，因自留之，羽心不自安。此与《献帝传》《魏氏春秋》

所说相同。

可见此事并非空穴来风，而是同时被记载于这三本史书中，裴松之更是引用于《三国志》中，关于这件事的过程史书上的说法也大致相同。根据《蜀记》记载，曹操不守承诺纳杜氏为妾之后，关羽心不自安，这就颇值得玩味了。按理来说这件事是曹操对不住关羽，曹操理亏在先，可也没见到曹操觉得心不自安，那么关羽为何会感到不安呢？他应该感到愤怒才对啊，其实这个答案就记载于另一本史书《华阳国志》中。

《华阳国志·卷六·刘先主志》载："初，羽随先主从公围吕布于濮阳，时秦宜禄为布求救于张扬。羽启公：'妻无子，下城，乞纳宜禄妻。'公许之。及至城门，复白。公疑其有色，自纳之。后先主与公猎，羽欲于猎中杀公。先主为天下惜，不听。故羽常怀惧。"什么意思呢？就是说在曹操纳杜氏为妾之后，有一次刘备与曹操一同狩猎，关羽想于狩猎之时杀死曹操，被刘备阻止。通过这个记载可知关羽感到不安的原因并非曹操抢了杜氏，而是担心自己猎杀曹操的事情暴露，因此内心恐惧不安。

《华阳国志》的作者将关羽猎杀曹操的事情紧接记载于曹操纳杜氏为妾之后，是有其深意的，其实这也是一种暗示。试想关羽向来不会鲁莽行事，可是在曹操拥有庞大势力之时关羽却不计后果想要将他杀死，如若不是夺妻之恨的私人恩怨又怎会如此？关羽是忠义的化身，钱财、名利都无法动摇他的心志，他最后执意离开曹操，单骑千里追随刘备，固然是因为他对刘备的忠义，可是与曹操抢了其心爱的女人也不无关系。

曹操收编杜氏之后，杜氏和秦宜禄已经有了一个儿子秦朗，当时秦朗1岁，曹操爱屋及乌，对秦朗这个继子很好，且视若己出，秦朗在魏国也一直挺受重用，曹操每次在宴会上都对宾客说："这世上还有人像我一样如此的爱假子吗？"（世有人爱假子如孤者乎？）从这也可以看出曹操的心胸是很宽广的，是很大气的，后来杜氏又给曹操生了两个儿子曹林和曹衮，还生有一个女儿金乡公主，可见杜氏长期受到曹操宠爱。

曹魏建立后曹林被封为沛王，杜夫人也被称为沛王太妃。青龙三年（235）秋天，曹衮病重，魏明帝曹叡准许杜夫人和曹林一起去探视。杜夫人的女儿金乡公主嫁给曹操的另一养子何晏，何晏为人好色，又食五石散，夫妇感情不和。一次金乡公主回去探望母亲时，哭诉道："何晏一天比一天恶劣，一定会惹祸上身的，这可怎么办呢？"杜夫人反倒笑着说："那你就用不着妒忌了！"果然没多久何晏就被处死了。杜夫人最后也得以善终，可以说在乱世之中杜夫人的结局是很好的了。

综观杜夫人一生，她先嫁秦宜禄，后嫁曹操，共育有三子一女，她的绝色容颜让曹操和关羽同时为之倾倒，关羽更因为她而欲猎杀曹操，可见其魅力是极大的，她一定有着倾国倾城之貌才能够在这乱世之中吸引英雄的目光。杜夫人身处风口浪尖却始终安如泰山，最后得以善终，子女也大多有着不错的结局，这样一位三国女性的人生是颇具传奇色彩的，她的风采不知让多少男子为之折腰，同时也为波诡云谲的三国乱世增添了一抹柔情。

夏侯令女：自残明志的一代烈女

在封建社会，女性是没有社会地位的，她们只能依附于男性，成为男性的附属品。因此自古以来就有"一女不嫁二夫"的说法，历代皇帝更是着意宣扬女性贞洁的重要性，以达到稳定皇权、江山永固的目的。正因如此，历朝历代都不乏坚守贞洁的女性。与这些女性相比，三国时的烈女夏侯令女的做法却更激烈一些，她选择自残以表明心志。这又是怎么回事呢？

夏侯令女乃是夏侯文宁之女，下嫁给曹爽堂弟曹文叔，这桩婚姻一看就是政治联姻。熟读三国的朋友都知道曹家和夏侯家有着千丝万缕的关系，曹操一生最信任的人就是曹氏和夏侯氏子弟。曹魏景初三年（239），魏明帝曹叡去世，临终前托孤于曹爽和司马懿。同年，时年8岁的太子曹芳继位，主少国疑，大权都掌握在大将军曹爽手中。这时的曹爽炙手可热，权势达到巅峰状态。夏侯文宁想必也想要攀上曹爽这层关系，日后好有个照应，于是便将女儿嫁给曹爽的堂弟曹文叔。可惜曹文叔早死，夏侯令女又没有生下一男半女，于是夏侯文宁劝夏侯令女改嫁他人，夏侯令女为了能坚持守寡，居然用刀割下自己双耳，以表明自己拒绝改嫁的决心。夏侯令女的这个做法可真是令人瞠目结舌，甚是极端。试想一个女子为了不改嫁竟然割掉自己的双耳，这样的勇气和刚烈非常人所能做到，坦白地讲如此自残的方式倒不如一死痛快，至少不用忍受这样的痛苦和煎熬。夏侯文宁见女儿如此坚决，就没有再勉强。

其实在曹文叔死后，夏侯令女平时居家度日常常依靠曹爽。曹魏正始十年（249），司马懿发动高平陵政变，诛灭曹爽全族，掌握了魏国政权。曹爽被诛后，夏侯家上书与之断绝婚约，并强行把夏侯令女接回家，这充分体现了夏侯家的翻脸无情，可真是树倒猢狲散。夏侯文宁再次让女儿改嫁，夏侯令女悄悄进入卧室，又用刀割掉了自己的鼻子，这个夏侯令女的果决与刚烈真是让人震惊，为夫守节何至于此。或许很多人会说夏侯令女太过愚蠢和固执，即便不愿改嫁也不用如此极端，但是我们不能以现代人的视角去审视古人，在以男性为主的封建时代，女子为夫守节是天经地义的事情，"烈女不嫁二夫"的观念更是根深蒂固，女子也往往会以"从一而终"为荣，所以在古人看来是很欣赏夏侯令女的做法的，认为她很贤德，这就是古今思想的差异。

夏侯令女的家人见她竟如此刚烈，十分惊愕惋惜，对她说："人生在世，就如同轻轻的尘土栖息在柔弱的草上，你何必这样自讨苦吃呢？而且你丈夫家人已被杀尽，你苦守着这个家到底是为了谁呀？"夏侯令女回答说："我听说过，仁人不会因盛衰而改变节操，义士也不会因存亡而改变心志。曹家以前兴盛之时，我尚且想终生守节，何况如今衰亡了，我怎么忍心抛弃它？这是禽兽的行为，我岂能这样做！"通过夏侯令女此言可以看出她对节义的始终坚守。司马懿听说此事，称赞夏侯令女的贤德，于是就听任她收养了儿子作为曹家的后代。司马懿诛灭政敌曹爽，成为魏国权臣，但却名不正言不顺，很多忠于魏国的大臣都想要讨伐他。此时司马懿宣扬夏侯令女的贤德，实质上也是宣扬男性的统治地位不可动摇，更是收拢人心，不罪责曹氏之媳夏侯令女，以此来显示自己的宽容大度，这是带有政治目的的。

夏侯令女因政治联姻，嫁给曹爽堂弟曹文叔；在夫君早逝后，为拒绝改嫁，她先后割掉自己的双耳和鼻子，如此刚烈即便是男子也不一定能及；司马懿得知后，对她的贤德大加赞赏，以巩固自身的统治地位。夏侯令女虽处事极端，却仍以守节为荣，这既是封建时代身为女子的悲哀与无奈，也是时代背景下女性无助的体现。

辛宪英：智慧过人、保全家门的传奇女性

辛宪英的知名度虽然远不及同时代的二乔和甄宓，可她却是三国乃至历史上都少见的智慧女性。

辛宪英（191—269），祖籍陇西，颍川阳翟（今河南禹州）人。乃是曹魏侍中辛毗之女，卫尉羊耽之妻，魏晋名将羊祜之叔母。辛宪英为人聪明有才，善于鉴人知事。曹丕与曹植争夺世子之位数年，后来曹丕得立，曾经喜极失态，抱着辛毗的颈说："辛君您知道我有多么喜悦吗？"辛毗事后将曹丕的表现告诉女儿辛宪英，时年20多岁的宪英便感叹地说："太子是代替君王主理宗庙社稷的人物。代君王行事不可以不怀着忧虑之心，主持国家大事亦不可以不保持戒惧之心，在应该忧戚的时候竟然表现得如此喜悦，又怎会长久呢？魏国又怎能昌盛？"

辛宪英果然一语成谶，魏国立国仅45年就宣告灭亡，魏文帝曹丕、魏明帝曹叡两代皇帝都相继早逝，政权很快便

落入司马氏手中,魏国名存实亡。这也就是说从曹丕称帝建立魏国(220)到司马懿发动高平陵政变(249)为止,曹氏实际掌控朝政的时间只有29年,是三个国家中皇室实际掌权时间最短的国家。辛宪英当年的预言不幸成真,魏国果然没能长久昌盛,可见她善于审鉴时势,具有非凡的智慧。

曹魏正始十年(249),趁着大将军曹爽兄弟三人携天子曹芳出城祭奠魏明帝的时候,太傅司马懿关闭城门发动高平陵政变,想要诛除曹爽,局势万分危急。时任大将军司马的鲁芝带领曹爽的家兵斩关夺门逃走,当时辛宪英的弟弟辛敞为大将军曹爽的参军,留在洛阳城中,鲁芝便召辛敞同去会合曹爽。辛敞畏惧于形势,不知所措,便向其姐辛宪英请教。

辛宪英说:"天下事情不能预知,但以我的判断,曹爽与太傅同受明皇帝顾命,但曹爽独专权势,以骄奢的态度行事,对皇室可说是不忠,于人伦道理亦可谓不正直。太傅此举只不过是要诛除曹爽而已。"辛敞追问:"那此事可成功吗?"辛宪英回答:"怎会不成功?曹爽的才能不是太傅的对手。"辛敞便说:"那么我可以不离城而去吗?"辛宪英说:"怎可以不去?职守是人伦的大义,当我们知道别人有难,尚且会体察怜恤;如今你为人做事却弃下自身责任,是不祥之事,不可以这样做。至于要为他人而死,受他人所任,是作为亲信的职分，你不是曹爽的亲信，只是出于跟随大众的责任而已。"辛敞听过姐姐的分析后，便随鲁芝出关离城。

在当时那种情况下，曹爽显然并非司马懿敌手，可是辛宪英却劝说身为曹爽参军的弟弟辛敞尽忠职守，出城与曹爽会合，可以说这个决定是胆大而又冒险的，稍有差池便有可能万劫不复，若非胸有丘壑之人是断不会有此胆识和见识的，谁能想到出这个主意的人竟然是一位女性，实在是让人震撼。辛宪英之所以有此建议，是因为她认为职守乃是人伦的大义，必须遵守，再加上辛敞并非曹爽亲信，这样做只是尽自己的责任，日后司马懿也断不会为难辛敞。果然一切都如辛宪英预料的那样，司马懿成功诛除了曹爽，亦放过了辛敞，辛敞感叹说："如果我不是与姐姐商量，便几乎做了不义之举。"这件事情体现了辛宪英善于审时度势，她的智慧和见识让很多男子都望尘莫及！

曹魏景元三年（262），钟会担任镇西将军，辛宪英询问侄儿羊祜："钟会因何出兵向西？"羊祜答："是为了要灭蜀。"辛宪英便说："钟会处事恣意放肆，这不是长久为人下属的态度，我恐怕他会有异志啊。"后来钟会征羊琇与辛宪英之子羊琇担任参军，辛宪英忧虑地说："那时候我见钟会出兵，虽然忧虑，但也只是为国而忧，如今祸难将会牵涉到我的家族，我实在不得不阻止了。"羊琇便向司马昭极力请辞，可司马昭却不同意。

辛宪英无奈之下只好对羊琇说："此事必须实行了，你要留心！古时的君子，在家则奉孝于双亲，出外则守节于国家，担任职务时要慎思你的责任，面对义理时则要慎思你的立场，不要让父母为你感到忧虑。军旅之间，最能令你顺利的只有仁恕的态度而已！你必须要谨慎留意啊！"后来羊琇在钟会作乱时仍能独善其身，不得不说这是一个奇迹。通过此事可以看出辛宪英确有识人之明，善于品鉴人物，早在钟会伐蜀之前就预测到他将会叛变，并且告诫自己的儿子羊琇宽仁待人，最后保全了家族。

辛宪英为人节俭，侄儿羊祜曾赠送华丽名贵的锦被给她，辛宪英却嫌礼品太过华贵，不舍得浪费糟蹋，于是把锦被翻过来盖。西晋泰始五年（269），辛宪英逝世，享年79岁，得以善终。生逢乱世，女子能够得到这样的结局已经很好了，若不是拥有大智慧，又怎会在风云变幻的三国乱世多次避开灾难，一生无虞，寿终正寝呢？

在三国这样一个英雄辈出的乱世，辛宪英的知名度虽不高，可她无疑是一个充满智慧、善于审时度势的传奇女性。辛宪英一生预测了三件事，而且都应验了，这本事真是让人佩服。

辛宪英从曹丕的轻浮举动预料到魏国国祚不得长久；在

司马懿发动政变时劝其弟辛敞尽忠职守，从而保全了弟弟；在钟会伐蜀时预料到钟会将叛乱，告诫儿子羊琇宽仁待人，最后羊琇果然保全自身。辛宪英的智慧保全了家门，这在三国时代是极为难得的，如果她是男儿的话，恐怕早已成为当世名人，只可惜在封建社会，女性无法施展才华，只能让这位奇女子被埋没了，实在是莫大遗憾！

徐夫人：为夫报仇、胆识过人的刚烈女子

三国虽然是男人的战场，但也有很多优秀的女性孕育其中，她们的胆识和智慧都丝毫不逊于男子，而徐夫人正是这样一位胆识过人、巾帼不让须眉的三国女性。

一说起三国女子，可能很多人最先想到的是貂蝉。在小说《三国演义》中，王允为了铲除董卓，利用貂蝉的美色，离间吕布和董卓的关系，使其反目成仇，最终除掉了董卓这个大祸害，貂蝉也因此而得名，并成为中国古代四大美女之一。可惜这不过是小说家言，并非真实的历史，就连貂蝉这个人物也是虚构的，而吕布杀死董卓更是与貂蝉无关。虽然貂蝉的美人计是假的，但徐夫人却曾经真的自编自导自演了一场美人计，并且成功实施。这又是怎么回事呢？

徐夫人是东吴孙翊的妻子，孙翊字叔弼，是孙坚的第三子，孙策和孙权的弟弟。出生于如此显赫的家族，老爸和哥哥都是当时响当当的牛人，想来这个孙翊也不会太差。孙翊

此人骁悍果烈，喜怒快意都写在脸上，有兄长孙策之风。建安八年（203），年仅20岁的孙翊以偏将军领丹阳太守。在任丹阳太守期间，孙翊招揽了被其哥哥孙权杀掉的盛宪的同僚妫览、戴员，孙翊对二人礼遇有加，以妫览为大都督督兵，以戴员为郡丞。按理来说孙翊对这两个人有知遇之恩，二人本应誓死报答，可是由于孙翊性格的原因，曾多次责难这二人，使得妫览、戴员怀恨在心，于是网罗孙翊家将边鸿伺机密谋叛变。次年，趁吴主孙权出征在外，边鸿在一次宴会上将孙翊杀害。

说到这里大家可能都会觉得奇怪，孙翊被杀显然是由于其识人不明、用人不当所致，可问题是他作为吴国宗室，又是孙权的亲弟弟，本应与兄长同心同德、休戚与共，但他却偏偏任用提拔了兄长的仇人，这就很奇怪了，他难道不清楚其中的利害吗？此举很大程度会招来孙权的猜忌，也会将自己置于危险境地。事实证明孙翊这样的做法确实造成了严重后果，使得他英年早逝。那么孙翊又为何会不计后果地去笼络兄长孙权的仇人呢？如果不是他头脑坏掉，那就只有一种解释了，孙翊对孙权不满，兄弟不睦。孙翊为何会对孙权不满呢？这还要从孙策去世说起。

建安五年（200），孙策外出狩猎，被许贡门客刺杀身亡，时年26岁。由于孙翊的性格与孙策酷似，在孙策临终之前，张昭等大臣都认为应当传位于孙翊，可是孙策却将印绶交于二弟孙权。或许正是因为这件事情让孙翊和孙权产生了隔阂，他嫉恨孙权抢了原本属于自己的位子，于是才有意招揽了孙权的仇敌妫览和戴员，欲与孙权相抗衡。可谁知这二人却是白眼狼，反倒害自己丢了性命，真是得不偿失了。

孙翊被杀后，边鸿逃走藏匿山中，妫览和戴员将杀害孙翊的责任都归咎于边鸿，并且杀死边鸿。徐夫人知道妫览和戴员才是幕后主谋，想报仇雪恨，但是一直找不到合适的机会。正好妫览因贪图徐夫人美貌，欲强纳之，徐夫人便将计就计，假意答应，对妫览说："您这么喜欢我，我当然愿意跟着您，只是我丈夫刚死，现在正在服丧期间，我的心情不是太好，别人也会说闲话，这个时候不能和您在一起，等到我丈夫丧期结束后，我就和您在一起，这样才好啊！"妫览听后很高兴，放下了戒备。

徐夫人私下找到了孙翊的亲信虎将孙高、傅婴，告诉他们孙翊被杀的真相，争取到他二人的支持。在丧期结束的时候，徐夫人将孙高和傅婴藏在自己的卧室里面，然后除去丧服，熏香沐浴，谈笑风生，并没有丝毫悲伤之情，左右之人都对徐夫人的反常举动感到奇怪。妫览在外面看到了这一幕，心中再没有任何怀疑。趁着妫览迫不及待之时，徐夫人用美色引诱其到卧室中，结果妫览被预先埋伏的孙高、傅婴合力杀死。妫览被杀后，其他人又去外面将戴员一并杀死。随后，徐夫人便用他俩的人头来祭奠自己的丈夫。

徐夫人设计杀死妫览、戴员这件事情传出后，举国震惊，以为神异。是啊！试想在风云变幻的三国时期，女人是没有地位的，她们是作为男人的附属品而存在的，可就在这种情况下徐夫人却能够凭借智慧和手腕为夫报仇，这在当时看来几乎是不可能的事情，难怪会举国震惊。吴主孙权得知此事后，将妫览和戴员的余党悉数族诛，并厚赏孙高、傅婴等有功之人。

徐夫人虽为女子却有着不逊于男子的胆识和智慧，在夫君被害，妫览逼亲的当头，她既不是含辱屈从，又不是如普通烈女一样以死相抗。相反，她以巧言敷衍对方，争取时间，同时巧施计策，既保全了自己的贞洁和性命，更手刃叛将，为夫君报仇，这等大智大勇，实在是世间少有，古之烈女莫过于此！难怪后人称赞徐氏："才节双全世所无，奸回一旦受摧锄。庸臣从贼忠臣死，不及东吴女丈夫。"徐夫人真可谓是女性之楷模，亦足以流芳千古。

甄宓：三国美女的传奇人生

自古以来英雄难过美人关，若论起三国美女大家可能首先都会想到广为流传"江东有二乔，河北甄宓俏"，这三个人都是三国时期屈指可数的绝色美女，而相比起大乔和小乔，甄宓（fú）的人生要更加的传奇和波折。

一提起甄宓，很多人第一时间想到的是千古名篇《洛神赋》，想到的是曹丕、曹植兄弟相争，想到的是她凄凉的结局，可历史上真正的甄宓却是不为人所熟知的。其实甄宓这个名字是来源于民间传说，并未记载于正史，史称甄夫人，这里为了方便阅读就称之为甄宓。甄宓（183—221）出生于中山郡无极县（今河北无极），乃汉太保甄邯的后代，上蔡令甄逸之女。甄宓每天晚上睡觉的时候，家里人都仿佛看到有人把玉衣盖在她身上，大家对此都很奇怪。甄宓3岁的时候，父亲甄逸去世，年幼的她因为思慕父亲哭得非常伤心，这样的早慧使家内和周围的人更加感到其有别于众人。

之后相士刘良为甄宓以及甄逸的其他子女看相，刘良指着甄宓说："此女贵乃不可言。"这样精准的预言并非完全空穴来风，看来刘良这个江湖相士还是有一定的真才实学的。

甄宓从小到大都不好戏弄。8岁时，院子外有骑着马耍杂技的人，甄宓的家人及几个姐姐都上阁楼观看，只有她不去。几个姐姐奇怪而责问她，甄宓回答说："这难道是女孩子看的吗？"甄宓9岁时就非常喜欢读书，博闻强识，只要看过的篇目就能够立刻领悟，还多次用她哥哥的笔砚写字，哥哥笑她说："女子应该学习女工，读书学习有什么用，难道你以后还想做女博士（官名）吗？"当然古代的博士跟现在所讲的博士完全是两码事，那个时候的博士指的是官名，但是只有很有学问的人才能够官至博士。面对这样的责问，甄宓回答道："古时候贤德的女子，都要学习前人成败的经验，以此来警示自己。不读书，用什么来借鉴呢？"在三国这样一个男尊女卑的封建社会，提倡的是"女子无才便是德"，当时看书识字的知识女性可谓是凤毛麟角、少之又少，可就在这样一个背景之下，甄宓却有着超前的思想和志向，可以说她的胸襟和智慧让很多男子都自叹弗如。

汉末天下大乱，灾荒连年，百姓们为糊口纷纷卖掉家中值钱的东西。当时甄家有大量的谷物储备，趁机收购了很多金银宝物。甄宓当时才十几岁，看到这种情形便对母亲说：

"今世乱而多买宝物，匹夫无罪，怀璧其罪。又左右皆饥乏，不如以谷赈给亲族邻里，广为恩惠也。"全家人都认为她说得有道理，于是将家中的粮食全部无偿分发给邻里乡亲。甄宓14岁时，二哥甄俨去世，她非常悲伤，对待寡嫂态度敬爱谦和，时时处处帮她打理家事，还尽心照顾甄俨留下来的孩子，极其疼爱。甄宓的母亲性格严厉，常常用严格的规矩要求儿媳妇，甄宓几次劝母亲："二哥不幸早终，二嫂年纪轻轻就守寡，还要照顾留下的孩子，虽然她是儿媳妇，但应该爱护她像自己的女儿一样。"母亲听了甄宓的话很感动，之后便让甄宓与二嫂时常走动，起居都在一起，关系十分亲密。

建安初年，袁绍听说甄宓贤良淑德的美名后，就为他的次子袁熙聘娶了甄宓为妻。建安三年（199），袁绍打败公孙瓒，任命袁熙为幽州刺史，甄宓则留在邺城侍奉婆婆刘氏。建安九年（204），冀州邺城被曹操攻破，甄宓被曹操之子曹丕所纳。甄宓嫁给曹丕后，对曹丕妾侍中有宠的劝勉她们努力上进，对无宠的也安慰开导，并常常劝曹丕说："古时黄帝子孙繁盛，是因为妻妾多的缘故。所以夫君也应该多纳贤淑美好的女子，才能使子嗣旺盛。"曹丕听了心中很是嘉许，这番话也体现了甄宓身为女子的胸怀和气量。

一说到曹丕迎娶甄宓，相信大家都会立刻想到曹植对甄宓的感情，再加上影视剧的渲染以及曹植风流倜傥的才子形象深入人心，很多人都误以为甄宓真正喜欢的人是曹植，但是却阴错阳差迫不得已嫁给了曹丕，而曹丕就是那个横刀夺爱的人，不仅夺走了曹植的心上人，更夺走了曹植的皇位。其实这些情节都是后世想象和杜撰出来的，并非正史，在当时也不可能发生，因为不符合逻辑。

首先年龄差距太大，曹丕和甄宓属于典型的姐弟恋，曹丕迎娶甄宓的时候是17岁，甄宓则是21岁，而曹植当时只有12岁，还不懂得谈情说爱。试想一个年仅12岁的孩子就算再怎么成熟也不可能喜欢一个比自己大9岁的女人吧？这不太现实。再说曹操攻打邺城时曹丕随军，而史书却并没有曹植随军的相关记载。曹丕是在大军攻占邺城后率先迎娶的甄宓，曹植根本没有机会在此之前与甄宓接触并产生感情，因此曹植和甄宓之间是没有任何关系的。至于说甄宓是否爱曹丕其实也未必，因为这是一场完全由曹丕主导的婚姻，甄宓是没有任何话语权的，只是作为战利品被曹丕收编，她的主观意愿并不被人所关注，这也是封建社会身为女子的悲哀，不过可以确定的是甄宓嫁给曹丕后，确实擅宠数年，并生下儿子曹叡和女儿东乡公主。

曹叡也就是后来的魏明帝，这里还牵涉一桩千古谜案，那就是关于曹叡的身世。曹叡的确是甄宓之子，但他到底是不是曹丕的亲生儿子尚存在争议，为什么这么说呢？有两则证据：首先是出生年份对不上，据《三国志·魏明帝纪》记载："景初三年春正月，帝崩于嘉福殿，时年三十六。"景初三年即公元239年，而曹丕迎娶甄宓是在建安九年（204）八月，正常情况下曹叡最早也应该在建安十年（205）六月出生，这样一来曹叡的生命时间应该最多只有34年。按照古人虚岁的算法，也才35岁，是怎么也到不了36岁的！除非是陈寿记载有误，可是有着良史之称的陈寿又怎么会犯如此低级的错误呢？

南朝宋国史学家裴松之就说过："魏武以建安九年八月定邺，文帝始纳甄后，明帝应以十年生，计至此年正月，整三十四年耳。时改正朔，以故年十二月为今年正月，可强名三十五年，不得三十六也。"卢弼在《三国志集解》中也说："窃谓承祚（陈寿）此文，实为曲笔，读史者逆推年月，证以甄夫人之赐死，魏明之久不得立为嗣，则元仲（曹叡之字）究为谁氏之子，可不言而喻矣。"如此看来，陈寿在撰写《三国志》时，明知曹叡并非曹丕亲生儿子，但又不敢明确写入书中，不写又有违史官职责，于是只好不露声色地来一笔。所以，根据曹叡的生卒年月倒推，曹丕娶甄宓时，甄宓已有好几个月的身孕！

除此之外，曹丕对待曹叡的态度也颇值得玩味。曹叡身为曹丕的嫡长子理应是皇位的第一顺位继承人,可是曹丕不仅迟迟不立曹叡为太子,还长期冷待他,甚至一度想要废长立幼,最后在临终前才不得不临时传位给曹叡。即便是在子以母贵的年代,曹叡因为生母甄宓而受到牵连,可假若曹叡真是自己的骨肉,想必曹丕也不会无情至此,这进一步论证了曹叡极有可能是甄宓的前夫袁熙之子,而并非曹丕的亲生儿子。当然也有人认为这是陈寿的笔误,无论真相如何,这始终是历史上的一大谜案,至今也无法定案,只能依靠推测来做出判断。

曹魏延康元年(220)正月,曹丕即王位,封曹叡为武德侯。六月率军南征,甄宓留驻在邺城。十月,汉献帝禅让帝位给曹丕。禅位以后,退位为山阳公的刘协把两个女儿许配给曹丕为妃嫔,另有郭贵嫔和李、阴两位贵人同时得到宠爱,甄宓日益失宠,流露出一些怨恨的话语。黄初二年(221),曹丕遣使者将甄宓赐死,葬在邺城。据《魏略》记载:"明帝既嗣立,追痛甄后之薨,故太后以忧暴崩。"意思是说魏明帝曹叡继位后,追思生母甄后,数次向太后询问母亲死状,太后因此忧惧暴崩。

《汉晋春秋》以及《资治通鉴》记载,甄宓是因为郭氏受宠而死,死后将其被发覆面,以糠塞口使她的灵魂无处申冤。魏明帝继位后,心中愤恨,数次哭泣着向太后追问母亲死状，郭太后说："你母亲是先帝所杀，为什么责问我？应该去怪罪你的父亲。况且你作为人子，怎么能因为亲生母亲而杀害后母呢？"明帝听了暴怒不已，于是逼杀郭太后。通过以上记载可知甄宓的死并不单纯，她是死于后宫争宠，而且死得也甚是凄惨。

总的来说，甄宓的一生是充满传奇色彩的，她少时聪慧，知书达理，博闻强识，心胸宽广；她先嫁袁熙，后嫁曹丕，两次婚姻都充满着不幸；她贤良淑德，孝敬公婆，却成为宫斗的牺牲品，含冤而死；即便如此，她的传说以及绯闻直到今天都还在流传，可以说她的一生堪称离奇波折！

张昌蒲：孕育一代名将的贤明女子

张昌蒲（200—257）是太原兹氏人，三国时期魏国太傅钟繇之妾，名将钟会之母。她出身小户，家族世代均为俸禄两千石以上的官吏，但因为年少时失去父母，被钟繇纳为妾室。钟繇乃是魏国重臣，又是历史上著名的书法家，能够被钟繇看中，说明张昌蒲才貌过人，这才深深吸引了钟繇的注意。张昌蒲性格严谨，非礼不动，为钟府上下所称颂。钟繇的贵妾孙氏当时代理正室的事务，因嫉妒张昌蒲的贤明而常常诋毁她。孙氏聪明且擅长辩论，却始终不能伤到张昌蒲半分，足以说明张昌蒲的机敏和智慧，懂得如何自保。

后来，张昌蒲怀孕，孙氏更加嫉恨，于是把毒药放在张昌蒲的食物中，张昌蒲吃到嘴里感觉有异，便吐了出来，但仍然晕眩了数日。孙氏的这个操作可真堪称三国版的宫斗剧了，而张昌蒲居然可以察觉异样，及时把毒药吐了出来，未被孙氏所害，体现了她的聪敏谨慎。经此之事，有人问张

第六篇　女性篇

昌蒲："为何不将此事告知于公呢？"张昌蒲十分冷静，回答道："嫡庶互相迫害，危害家庭和国家，这是古代就知道的教训。假如公相信我，谁又能说出事情真相？孙氏以心度我，认为我一定会将此事说出去，所以会恶人先告状。事情既然由她而出，我又何必自找麻烦呢？"于是称病不见。

　　在封建社会，女性没有地位，需要依靠男性方可生存。如果遇到被迫害之事，大多数女性都会在第一时间向夫君报告，以求庇护，可是张昌蒲在如此危急关头，却能够镇定自若，分析局势，不仅没有向钟繇报告此事，反倒还称病不见，以待时局发展，如此冷静和智慧确非寻常女子可比，难怪钟会之后能够成为魏国名将，智勇双全，果然孩子的智商在很大程度上是随母亲的。

　　果不出张昌蒲预料，孙氏知道事情泄露，焦急不已，于是先对钟繇说："妾身希望她能得一男孩，所以给她服用了生男孩的药，可她却反过来说我毒害她。"这孙氏还真是恶人先告状，所幸张昌蒲智商在线，才没有被她所害。钟繇听到孙氏的说辞后觉得奇怪，说道："得男药是好事，可你却偷偷给她，这不合常理。"于是钟繇询问侍者，才得知了事情真相，孙氏因此获罪被驱逐出府。钟繇又问张昌蒲："你怎么不将此事告知我呢？"张昌蒲照实说了缘故，钟繇非常惊奇，因此认为她很贤明。不久之后张昌蒲生下钟会，更加

231

受到钟繇宠爱。钟繇赶走贵妾孙氏后，再娶贾氏为正室。张昌蒲诞下男孩，又获得钟繇宠爱，但她依旧不能成为钟繇正室，可见古代的尊卑礼法非常严格。

孙氏被钟繇驱逐出府后，无处可去，于是向卞太后和魏文帝曹丕哭诉，希望得到皇帝帮助，能够让自己再次回到钟府。卞太后于是令曹丕下诏书让钟繇复妻。曹丕就给钟繇说："孙氏已经知道错了，家和万事兴，你也大度一点，还是把她接回去吧。"可是钟繇宁死不从，甚至闹自杀，以死威胁曹丕。曹丕无奈，不再强迫他。钟繇宁愿违背皇帝旨意，甚至以死胁迫，也不愿迎回孙氏，足见其对张昌蒲的宠爱和尊重，不愿让张昌蒲受到伤害。

张昌蒲在对儿子教育方面颇为严厉。在钟会4岁时便已教他《孝经》，7岁诵读《论语》，8岁诵《诗》，10岁诵《尚书》，11岁诵《易》，12岁诵《春秋左氏传》《国语》，13岁诵《周礼》《礼记》，14岁读其父钟繇所撰写的《易记》，15岁让他进太学深造。张昌蒲告诉钟会："学习太多太杂就会产生倦怠，我恐你倦怠，所以让你渐次而行，如今你便可以独学了。"从张昌蒲的话中可以看出钟会从小的家教是非常好的，他所接受的教育也很好，这为他日后成为魏国名将奠定了基础。

张昌蒲本身也十分爱好读书，特别喜欢《易经》和《老子》，经常拿其中的语句教育儿子，钟会也不负所望，逐渐成长为文武全才。正始八年（247），钟会为尚书郎，张昌蒲拉着他的手教诲道："你20岁被授予官职，人情世故不能不自行加强学习，使其充实，若不通畅则会造成损失，希望你多思考、慎戒。"从这可以看出张昌蒲对儿子的教育是多方位和全面的，希望儿子能够成为一个德才兼备之人。当时大将军曹爽专朝政，每日纵酒沉醉，钟会之兄钟毓将此事告知张昌蒲，张昌蒲教诲钟毓和钟会道："曹爽能够取得暂时的安乐，但却难以长久。如今他奢靡无度，非长久富贵之道。"张昌蒲对曹爽的评价可谓一语中的，后来事情的发展也正如其所料，可见张昌蒲明于时势，聪慧过人。

嘉平元年（249），曹爽兄弟与魏帝曹芳同往高平陵扫墓，钟会当时为中书郎，在曹爽军中。司马懿趁曹爽离开洛阳之际发动政变，众人恐惧，只有张昌蒲镇定自若。中书令刘放，侍郎卫瓘、夏侯和等人问张昌蒲："钟会处在危难之中，为什么夫人还会如此镇静？"张昌蒲说："曹爽奢僭无度，我以前就非常怀疑他是否能掌控朝局。太傅司马懿政变，目的并不是要危害国家，而是针对曹爽一党。吾儿钟会整天都在皇帝身旁听候差遣，有什么可担忧的？而且听说司马懿这次出兵，军队并没有许多辎重，说明战事不长。"后来果然如同张昌蒲所言，于时举朝上下皆称颂其贤明。

钟会历经朝中重要职务十余年，颇有谋略，张昌蒲依然经常训诫儿子奉行基本的德行，也举春秋时代范氏少子的例子，赞许范氏少子母亲的远见，告诫儿子不可为了功业而行虚伪欺诈之事。还告诫钟会："只要你努力做事不倦怠，抑制自己的缺点，即使不出众，也能以信义服人，取舍之间，一定要明智。"有人问张昌蒲："这都是一些很小的作为啊！"张昌蒲回答道："君子的行为，都是积小而致大，如果因为小善没多大作用而不做，这便是小人才会做的事啊。大家都仰慕快速做成大事的人，但我并不喜欢。"张昌蒲的这番话与刘备临终前告诫刘禅之言类似。刘备在临终前曾留下遗言，告诫太子刘禅："勿以善小而不为，勿以恶小而为之。惟贤惟德，能服于人。"可见张昌蒲确实是一个很有智慧的女性，堪称贤母典范。

钟会年幼时，张昌蒲便着装朴素，亲自料理家务，非常恭顺节俭。凡是所得，必然考虑是否合乎道义，凡是获得财物必然先让于他人，钟会前后获得的赏钱、布帛累积甚多，全都送给公家用了，并没有一点保留。甘露二年（257），张昌蒲病逝，时年59岁。皇帝曹髦下诏命大将军司马昭厚加抚恤，丧礼事无巨细，一皆供给。并依《春秋》记载成风、定拟等母以子贵的先例，提升丧礼的规格，依礼不称妾而称作外命妇，于是丧礼上对外称张昌蒲是"成侯命妇"。

在封建社会，张昌蒲身为妾室却能够在死后获此殊荣，享受到如此高规格的丧葬仪式，这在当时是极其罕见的。张昌蒲对钟会的教育也是颇为严格，钟会之后能够成为魏国重臣，这与其教育有着密不可分的关系。可惜钟会并没有学习到母亲的全部智慧，他在灭蜀之后威震西土，不甘复为人下，于是举兵反叛司马昭，落得兵败惨死的下场，实在可惜。

张昌蒲虽为一介女流，却有着不逊于男子的胸襟和智慧，她年少失去父母，被魏国重臣钟繇纳为妾室；她性格严谨，非礼不动，为上下所称颂；她机敏聪慧，在被孙氏迫害时镇定从容，胸有大局，更得钟繇欣赏；她育子严格，常以德行训诫其子钟会；在高平陵政变时，她明于时势，安然自若，分析局势皆得要领，时人称其贤；她着装朴素，勤俭持家，德行出众；她去世后享受国家高规格丧葬礼仪，母以子贵，可谓生荣死哀。总的来说，张昌蒲在三国乱世称得上是一位值得赞誉的奇女子。

后 记

三国历史虽然只有短短数十年，但却是最广为流传、最受大众喜爱的一段历史时期。这段尔虞我诈、波谲云诡的乱世涌现出了无数英雄豪杰，他们舍生取义、忠肝义胆的优秀品质为后世钦佩，也影响着一代又一代人。

大多数人所认识和了解到的三国历史基本都出自《三国演义》这一文学作品，由于小说创作需要，罗贯中尊刘贬曹的倾向，书中很多人物被神化或丑化，从而脱离了其原本的历史形象，因此大众对很多三国人物都存在着误读。

笔者以《三国志》等史书为依托撰写本书，还原一个个真实的三国人物，让他们的历史形象浮出水面，从而揭露历史真相，诠释三国谜团，让更多的人从更多视角了解真正的三国历史，以及三国人物的本来面目。本书就是笔者所撰写的《素品三国》系列的第二本，之后也会陆续更新。这本书的创作过程，可以说是几经波折，其间也遇到了一些难题和阻碍，但所幸问题最终都得以圆满解决。

  在本书的创作中，笔者要感谢父母的支持；感谢陕西理工大学梁中效教授为本书写序，也要特别感谢笔者的导师陈中和副教授的悉心指点和教导，让笔者获益良多；同时还要感谢负责出版和印刷的所有相关人员。

  如果没有你们的帮忙和协助，本书也不会这样顺利出版。在这里，衷心感谢所有为本书出版付出劳动的人，谢谢你们！同时也希望本书能为三国历史的研究贡献绵薄之力。如有不足之处，还望广大读者多多给予指正！

任　婕